不《ふ》干《かん》斎《さい》ハビアン

神も仏も棄てた宗教者

釈徹宗

新潮選書

まえがき

「地獄のペスト」と怖れられた男

不干斎《ふかんさい》ハビアン。

その名を知る人は、今、どれくらいいるのであろうか。

一五六五（永禄八）年ごろの生まれ。禅僧であったが、後にクリスチャンへと改宗。日本人キリシタンの理論的支柱として活躍、仏教・儒教・道教・神道・キリスト教を比較し論じた『妙貞問答《みょうていもんどう》』を著した。当時（天正年間から慶長年間にかけて）は、キリシタン全盛の時代。ハビアンは日本人キリシタンの第一人者であった。

ところが、突如、ハビアンはキリシタンの信仰を棄てて行方をくらませる。そして、晩年に再び筆を取り、『破提宇子《はだいうす》』というキリシタン批判書を執筆し発表した。キリシタン側は、この書を「地獄のペスト」と呼んで恐れたという記録が残っている。

一六〇六（慶長十一）年、不干斎ハビアンと林羅山（一五八三〜一六五七）は会談している。林羅山は二十四歳、ハビアンは四十二歳であった。羅山は新進気鋭の儒学者として意気軒昂であり、事前にキリシタンについても調べていたようである。

この対談、結果的には両者にとって、実りある会談とはならなかったようである。キリシタン側には会談の記録さえ残っていない。しかし、林羅山は『排耶蘇《はいやそ》』という書を著わして対談内容を詳述している。

会談の最中、羅山は『妙貞問答』を読んだ。会談相手であり著者でもあるハビアンが読ませたのだ。そして、羅山による読後の感想が、「焼き捨てよ」というものであった。

羅山が一笑に付した（というより嫌悪した）この『妙貞問答』。おそらく世界で初めて仏教・神道・儒教・道教・キリスト教を比較して論じた書である。すでに十七世紀初頭において、このような書が書かれていたことは、驚嘆すべきである。ヨーロッパでも近代に入ってからやっと本格的に論じられたような各宗教思想の比較論が、なぜ長く混乱期が続きやっと政治・経済が安定期に入ろうかといった時期の日本で成立したのか。いくつかの複合的要因はあるが、なんといっても著者であるハビアンという男の特異な経歴に因るところが大きい。

当時の世界で唯一人、仏教・神道・儒教・道教・キリスト教を相対化した人物、不干斎ハビアン。ひょっとするとこの男、日本思想史上、重要なポジションに立っているのではないか。少なくとも、そのような視点で再読してみる作業は必要なのではないか。いやいや、まずは拙速な仮説に帰納させず、本書では、ハビアンの宗教性を追いながら、そこから派生するさまざまな宗教論を語ってみようと思う。

実は、これまでにもハビアンについて語った論者は少なくない。海老沢有道や井手勝美などキリシタン研究者をはじめ、遠藤周作や三浦朱門などの現代を代表するクリスチャン作家達にもハビアン論がある。各氏の論調を概観してみると、「世界に先駆けて比較宗教論を展開した」「なぜこのような人物が歴史に埋もれていたのか」と高く評価する者もあれば、「きちんとキリスト教を理解できなかった者」「底の浅いインテリ」と切って捨てる者もある。あるいは、評論家の山本七平のように、ハビアンを足がかりにして日本文化論へと展開する者もある。ハビアンは、現代においても評価にばらつきのある人物なのだ。

いずれにしても、その特異な経歴と著作には興味をもたざるを得ない。おそらく「彼だけが見ることができた光景」があるに違いない。理屈抜きで、そんな気がする。それは、当時、僧侶にも儒者にも神官にもキリスト教宣教師にも見ることができなかった、ハビアンだけが見た宗教の地平である。

神も仏も棄てた先にあるものは

筆者のように宗教思想を比較してその特性を検討しようとする者にとって、「キリシタン」というのは魅力的な宗教である。日本宗教文化に大きな衝撃を与え、従来の日本にあった宗教に対してパラダイムシフトを迫った宗教であるが、キリスト教のメインラインからは逸脱している部分も多い。あたかも、日本の歴史上、ある時期、たまたま咲いたアダ花のような風情さえ感じる。

ずいぶん以前、まだ学生だった筆者は、日本における宗教的メンタリティのプロトタイプを模索するうちに、日本発の比較宗教論について考察するようになった。そして、ハビアンと出会ったのである。いつか、この男について深く考察したい。当時、ハビアンだけが見た光景を私も見たい。あの「不干斎ハビアン」を追体験してみたい……。なんとなくそんな考えを抱いていたように思う。

近年、某大学で「現代霊性論」というトークセッション型の特別講義を行うこととなり、現代のスピリチュアル・ムーブメントの状況について調べているうちに、ふとハビアンを連想するに至った（この両者にどのような共通点があるのかは、本文を読んでいただければわかることだろう）。とにかく、いくつかの要因が重なって、今回、ハビアンについて書く機会に恵まれた。ハビアンが憑依してくれることを願いつつ、書き下ろした本である。

＊不干斎ハビアンは、これまで「ハビアン」「ハビヤン」「ファビアン」など、いろいろと表記されている。確認されている署名は、「不干斎 Fabian」「不干斎巴鼻庵」「好菴」である。本書では、「巴鼻庵」という漢字が使われている点から「ハビアン」と表記する（当時のローマ字は、「ハ」を「fa」と表記することが多い）。また、本人が「不干」と「不干斎」の両方を使っている。本書では、読者が読みやすいよう、出来る限り「不干斎ハビアン」に統一している。

ついでに言うと、「外国の人名をどう表記するか」については、従来の習慣もあり、なかなか悩ましいところがある。例えば、「フランシスコ・ザビエル（Francisco de Xavier または Francisco de Yasu y Javier, 1506–1552）」は、サビエルやサヴィエルなどとも表記される。ポルトガル語である Xavier は、シャヴィエルという表記になろうか。

「ザビエル」と発音されるのが一般的なようであるが、本書ではキリシタン研究で使用されることが多い「サビエル」で表記を統一する。

今回は、日本の宗教性とハビアンの思想性とを比較することが主眼であったため、残念ながらキリシタン関係のラテン語資料にあたることができず、諸氏の研究に頼る結果となった。今後の課題としたい。

不干斎ハビアン　神も仏も棄てた宗教者　目次

不《ふ》干斎《かんさい》ハビアン　神も仏も棄てた宗教者

第一章　発掘されるハビアン

芥川龍之介『るしへる』

不干斎ハビアンの実像が明らかになったのは意外と近年のことである。しかし、ハビアンの思想性自体は、明治以降何度か注目されてきている。

例えば、芥川龍之介はハビアンをモチーフに『るしへる』という短編を書いている。『るしへる』の書き出しは、「破提宇子と云う天主教を弁難した書物のある事は、知っている人も少くあるまい」というものである。そして、「書中に云っている所から推すと、彼は老儒の学にも造詣のある、一かどの才子だったらしい」と続く。

『るしへる』は、なかなか興味深い短編だ。『破提宇子』の架空の異本（一般に流布しているものとは異なるバージョン）があるという設定で、芥川がハビアンの超常体験（ハビアンが悪魔と遭遇するというもの）を創作したものなのである。実際に『破提宇子』の第三段には、「ヂャボ（悪魔）のルシヘル」についての記述がある。芥川は、この部分を大胆に膨らませ、「私が所蔵している異本には、このルシヘルのことがさらに詳述してあり、しかもハビアン自身が悪魔を目撃したことが述べられているのだ」と展開している。

芥川の『るしへる』では、ハビアンが京都下京にあった南蛮寺の境内で「るしへる」と遭遇する。「るしへる」は、ハビアンに善悪は二項対立ではなく、相互依存的であることを語る。そしてこの体験が後のキリシタン批判へとつながったというのである。確かに『破提宇子』では、キリシタンの二項対立構造が批判されている。芥川はハビアンの視点で「悪魔」を語った、と言えるのかもしれない。

芥川が「辛辣な弁難攻撃」を振るう「才子」と評したハビアン。芥川は『るしへる』の中で、「なお巴毗弇《はびあん》に関して、詳細を知りたい人は、新村《しんむら》博士の巴毗弇に関する論文を一読するが好い」と述べている。

この「新村博士」とは、言語学者の新村出《いずる》のことだ。芥川は新村出の著作を通じてハビアンを知ったようである。新村出は、近代において、いち早く世にハビアンを知らしめた人物だ。しかし、新村が『南蛮記』でハビアンについて言及したとき、まだこの男は霧の中に隠れた謎の人物でしかなかった。そして、その後、地道な研究に大胆な推理が加えられてハビアンは掘り起こされてきた。おかげで今日、キリシタン研究者を中心に、ハビアンについて語る者は少なくない（多いとも言えないが）。

まずは、歴史に埋もれていた不干斎ハビアンという人物が発掘されていく経緯について見てみよう。

ハビアン発見

新村は、文禄元年（一五九二）本『平家物語』の編者である Fabian に注目（『キリシタン版平家物語』には、不干 Fabian 謹しんで書す、との署名がある）。このような名前の邦人信徒は、

『破提宇子』の著者ハビアンしかいない（後述するが、ハビアンの『破提宇子』は明治時代に復刊されている。またキリシタン俗書などにもハビアンの名は登場するので、その存在は知られていた）と考えた新村は、「棄教者である」という共通点から、『平家物語』の翻訳者と『破提宇子』の著者を同一人物であると判断した。さらには、そのハビアンは、日本版のキリシタン教理書『ドチリイナ・キリシタン』※1を草した人物であり、また一六〇七（慶長十二）年に日本準管区長フランシスコ・パシオ（Francisco Pasio 在任1600–1611）がジェロニモ・ロドリゲス（Jeronimo Rodriguez 1561–1634）と共に本多上野介正純に献じた『キリシタン教義書』（現存せず。詳細不明）を著作した人物であって、これらはすべて同一人物、すなわち不干斎ハビアンであると断じた（『新村出全集第五巻』、一九七二）。

「フヮビアンが排耶録を草せしは何年にあるか不明なれども、仮りに上記の元和五年十一、二月頃とすれば、同書が元和六年春誌とあるハビアンの『破提宇子』と合する点益々深きも、パジェー（注　M. L. Pagés 1814–1886　フランスの外交官であり東洋学者でもあった。『日本図書目録』［一八五九］などを刊行）に掲ぐる年代そのものすら信じ難ければ、余は唯転宗の一件を取りて、この二書、この二人は同一なりと断ぜんとす」

　さらに、新村はキリシタン通俗書である『吉利支丹物語』に出てくる白応居士《はくおうこじ》（あるいは柏翁。不詳）と争論したイルマン（修道士）・ハビヤンも、かの不干斎だとしている。同書には、この人物を「吉利支丹の内の一の物知りたる」「学問広博にして弁舌明らかなるゐるまん」「古へ禅坊主おちと見ゆ」という記述があるからである。また、『南蛮寺興廃記』に出ている元禅僧・梅庵も、『蛮宗制禁録』の元・越中の禅僧・恵俊も、同一人物であると述べている。※2「他にハビアン

（ファビアン）なる邦人キリシタンはおらず」「いずれも高く評価されている人物である」というのがその主張根拠である。※3

新村は諸書を総合的に判断し、「加賀の禅僧であった恵俊（あるいは恵春）は放浪の末、南蛮寺に入ってキリシタンに帰依、ハビアンとなる。この男は学才・弁舌にすぐれ、キリシタンの中心的イルマンとなり、『キリシタン版平家物語』を編纂し、京都・大坂で次々と他宗教を相手取り論破する活躍を見せる。しかし、突如、キリシタンを棄教。ハビアンは、奈良や大坂に潜伏の後、ついにはキリシタン批判書『破提宇子』を著作し、世間に発表。どうもその後すぐに死去したようだ」（前掲書）といったことを明らかにしている。さらに、新村はハビアンを「敏慧なる一才子」と評し、日本史上記念すべき人物であるとさえ語っているのである。

さて、新村がハビアンに注目して後、大正六年（一九一七）に伊勢の神宮文庫（元・林崎文庫）から『妙貞問答』の中巻・下巻が発見され、神道史学研究者の坂本広太郎によって『史学雑誌（大正七年二月号）』で発表された。唯一見つかったその写本『妙貞問答』の巻末には、「不干斎巴鼻庵」とある。ハビアンは、『妙貞問答』というユニークな比較宗教書を著していたのである。この発見によって、新村の仮説はいくつか証明された。

「その後、『羅山文集』を見て、或は文中の『不干』は『平家物語』序文中のフカンにあらざるかと疑ひしことありき。されど確証を得ずして止みしに、『妙貞問答書』の発見によりて、これらのハビアンこれらのフカンは同一人なることを知るに至れるは洵に喜ぶべきなり。されば『南蛮寺興廃記』等の俗書野乗に見ゆる禅僧あがりのハビアン（ハイアン、梅庵などと記るし、曽て恵俊と云へり）も、元和六年の著なる『破提宇子』の編者たるハビアンも、共に前掲のフカン・

ハビアン、即不干斎巴鼻庵と同一なること誤なかるべし」（『新村出全集第六巻』、一九七三）

このように新村は喜びを語っている。そして、新村が推理した「『平家物語』を編纂した男」「『妙貞問答』を書いた男」「『破提宇子』を書いた男」、さらには「元・禅僧の男」「日本人イルマンの第一人者として多くの仏僧と論争した男」は、すべて不干斎ハビアンを指すことが明らかになった。こうしてバラバラだった「ハビアン」というピースが少しずつつながり始める。

浮かび上がるハビアンの輪郭

新村の研究に続いて、ハビアンの実像を浮き彫りにしたのは宗教学者・姉崎正治だった。姉崎は、新村説に加え、一五九三（文禄二）年の「ゼスス会教師表」と「寛政没収教書」の中にあるハビアンの記述に注目し、いくつかの新事実を提示した（『姉崎正治著作集第四巻』、一九三〇）。

それによれば、前年（文禄元年）時点でのキリシタン教団内の教師表には、「ハビヤン Unquio（雲虚）」という二十七歳（満）の神学生の名があるが、これは不干斎ハビアンのことであり、ハビアンは元・琵琶法師で半盲であったキリシタンの天才布教者ロレンソに影響を受けた節があること。一六〇六年、京都で京極マリア夫人の娘の葬式で、仏僧たちと討論し、打ち負かした「博学な一イルマン」こそハビアンであること。さらには、この年、ハビアンは林羅山と論争していること、などが明らかになる。

姉崎は、「篤厚でなく才気潑溂」とハビアンを評し、ハビアンがなぜ棄教したかについての謎にも迫った（ハビアンの脱会・棄教については、第四章で検討しよう）。そして、「ハビヤンは事実、京の教会で殆ど柱石として重要の位置を占め、儒者仏者に対する応接掛であり、又内部では異宗研究の指導者であった」（前掲書）と述べている。姉崎は、仏教、神道、儒教の所説を縦横に利用し、見事に料理しているハビアンの思想性を高く評価している。

さらに姉崎は一歩踏み込んで、ハビアンから二百年後に登場する国学者・平田篤胤《ひらたあつたね》の著作にもハビアンの影響があるのではないかと推理しているが、残念ながらこれを証明することはできない（証明できたら面白いのだが。しかし、平田篤胤が『妙貞問答』が発見された林崎文庫に出入りしていたことは確かである）。

また姉崎の大きな業績として、「現存する『仏法之次第略抜書』こそ、消失してしまった『妙貞問答』の上巻だろう」という推理がある。

「然るに、先に『潜伏』で世に紹介した寛政没収教書中に、妙貞問答の断片が残つてゐるに気がついて見ると、その中にある『仏法之次第略抜書』といふ一章が妙貞問答の上巻に相当するのみならず、同じく断片である神道論は、妙貞問答の中巻の処々が残つてゐるのだといふことは明白である。即ち没収教書の中に『神道の事』といふ題号があつて、断片且つ錯雑してゐるが、慥に妙貞問答中の神道論と同じものである」（『姉崎正治著作集第五巻』、一九三二）

「寛政没収教書」の中に『妙貞問答』の断片がある、そしてその中に『仏法之次第略抜書』（藤田季荘氏写本、東京大学付属図書館蔵）という一文があり、そこにある神道論の断片も『妙貞問答』の神道論とかなり共通している、以上のことから『妙貞問答』の「上巻」である仏教論は、この『仏法之次第略抜書』なのだという判断である。そしてこの姉崎の説は、その後の定説となったが、一九七二年、西田長男によって本物の『妙貞問答』の「上巻」が公表されることによって否定される。

また、姉崎は『破提宇子』についても詳述し、その内容が『妙貞問答』を踏襲していることを指摘した。姉崎によれば、「ハビヤンは、棄教の後、その同じ材料を倒用して、キリシタン破折を企てたのである」(『姉崎正治著作集第四巻』)ということである。確かに、キリシタン護教書である『妙貞問答』とキリシタン批判書『破提宇子』、内容は対照的であるはずの両書が、併読してみると同じ構造で語られ、内容も重複していることがわかる。後出する三枝博音もそうなのだが、多くの論者が「このことは、ハビアンの思想内容が深まらなかった証拠だ」と評するのに対し、姉崎はその重複が意図的ではないのかと言う。これは姉崎の慧眼だと思う。

才子か、それとも似非インテリか

日本キリスト教研究者の海老沢有道は、『妙貞問答』を文献学的に研究し、「近世日本史上の輝かしいモニュメント」「日本思想史上において見るべきものの少ない安土桃山時代において最も注目すべき書」と評価した。『妙貞問答』はキリシタンという特徴的な宗教体系における結実だというわけだ。

海老沢は、当時のキリシタン受容層は武士や元仏僧などという知識階級が中心であったことを指摘している。そして、その原因として、戦国から安土桃山にかけては伝統的な価値体系が音を立てて崩れていった時代であり、新しい指導原理・精神はなお暗中模索の時代であったことを挙げた。そのような折、キリシタンの教会では、庶民への教育や科学知識の啓蒙活動に力を注ぐ。だからこそ、ハビアンのような才能が突如出現した、と推理している。

「当然庶民出身の不干ハビアンの一六〇五（慶長一〇）年の著『妙貞問答』に見られる支配思想に対する果敢な批判精神は、その先蹤があるとは云え、日本庶民思想史上の輝ける一モニュメントであると云える」（『日本キリシタン史』、一九六六）

海老沢によれば、『妙貞問答』は、一五九二年にローマ字本が作成されたキリシタン教理書『ドチリイナ（ドクトリン、すなわち教義のこと）・キリシタン』、そしてこの日本版『ドチリイナ・キリシタン』から展開されたヴァリニャーノ（Alessandro Valignano 1539–1606）の『日本のカテキズモ』[※4]といった線上にあることを指摘している[※5]（前掲書）。『ドチリイナ・キリシタン』も師と弟子との「問答形式」になっており、確かに『妙貞問答』を連想させる。また、『日本のカテキズモ』の内容は、仏教への批判部分などが『妙貞問答』と重なっている。つまり結果的に海老沢の指摘は、『妙貞問答』がキリシタン思想の結実であることを証明しているのである。

さて、ハビアンを高く評価した新村、姉崎、海老沢たちに対して、クリスチャンであり作家の三浦朱門は、ハビアンを「日本のインテリの一つの原型」と位置づけ、その生涯にそれほど大きな意義はないとした。

「不干斎は転向者の元祖ではあるまいか。（中略）明治以来のインテリたちは、常に欧化主義と日本主義に悩まねばならなかった。北村透谷の自殺は、これと関連があろうし、青年時代にキリスト教の洗礼を受けた徳富蘇峰も内村鑑三も晩年、多分に日本主義的になる。また昭和のはじめマルキシズムの『洗礼を受けた』若いインテリたちは、弾圧が強まると転向を強制された。さらに戦時中、日本主義を宣伝した人は戦後、実は自由主義者だったのだ、と告白し、戦後二十年もたつと、もう一度日本主義に再転向する」（『キリシタン時代の知識人　背教と殉教』、一九六七）

三浦は、そもそも日本人インテリには常に転向の問題がつきまとっていた、と考えている。日本人インテリの知的訓練とは、多くの場合が外国文化を学ぶことであったからだ。

三浦によれば、戦国の末あたりから「知識や情報を提供する知的能力」によって生計を立てられる人物が登場するようになった、というのである。天海のような怪僧、竹中半兵衛のような軍師、林羅山のような知識人の顧問といった者がその代表である。ハビアンもまた、その意味で日本人インテリの原型だというのである。

ハビアンは市井の学者、インテリの小物であった、それが三浦のハビアン評である。日本のインテリは外来の情報を吸収するだけで、伝統文化と外来文化の壁を乗り越えるだけの能力をもたなかったと断じ、ハビアンを「転向者の元祖」と評し「エセインテリの先祖」としている。

三浦いわく、ハビアンの棄教も、青年期にマルキシズムに夢中になりながら、四十歳を超えたあたりから保守オヤジとなるようなよくあるタイプゆえ、というわけである。第四章でハビアンの棄教問題を取り上げるが、この三浦の視点はユニークである。

骨抜きにされたキリスト教

さらに三浦は、ハビアンのキリスト教教義理解を、「ほとんど常に聖書物語の域を脱しない」

とする。その理解は、深い教理や信仰に基づいたものではなく、一般によく語られる〝キリスト教のお話〟レベルにすぎないと言うのである。そして、なぜ「日本人聖職者を代表する一人」だったとまで評されたハビアンがその程度の理解にとどまってしまったのか、という疑問に対して、「当時において外国語を学ぶことが困難だった」「外国人宣教師が日本人をふくめた異教徒の知的能力を軽視して、通り一遍の知識しか提示しなかったのではないか」といった原因が考えられるとしている。

三浦朱門同様、ハビアンの信仰に疑問を呈したのが生涯カトリックのクリスチャンであった作家・遠藤周作である。遠藤は、すべてを同質化してしまう日本の宗教性とカトリックの信仰との狭間に苦悩し、その著書『沈黙』の中で、「この国は沼地だ。やがてお前にもわかるだろうな。この国は考えていたより、もっと怖ろしい沼地だった。どんな苗もその沼地に植えられれば、根が腐りはじめる。葉が黄ばみ枯れていく。我々はこの沼地に基督教という苗を植えてしまった」と宣教師フェレイラに語らせている。この言葉は、遠藤の心の叫びだったように思える。

そして、遠藤は「日本の沼の中で」という文章で、ハビアンを取り上げている。「日本人がこうした教義をどの程度、理解しえたかを調べるただ一つの資料は、日本人修道士であり、後に背教者となったハビアンの書いた『妙貞問答』であろう」「彼を当代の知識階級の一人だと言っても差し支えはないであろう」(『切支丹時代　殉教と棄教の歴史』、一九九二)

そのように評価しながらも、ハビアンには独創的な解釈はなく、『妙貞問答』は、『ドチリイナ・キリシタン』を下敷にしており、スコラ哲学、特にトマス・アクイナス的論理であると分析している。例えば、ハビアンは神の存在証明として「運動」「秩序」の二点を強調しているが、それはアリストテレスの影響をうけたトミズム（トマス・アクイナスの論理）だと言うのである。つまり、あの有名な神の存在証明である、「宇宙のすべては動くもの、動かすもの、作るもの、作られるものの二つに分れる。だからその動力の最初の中心が考えられるし、最初の創造者を想定せねばならぬ。それが神《デウス》だという論理である」といった論理だ。遠藤はハビアンがイメージするデウスはこれなのだと読み取っている。

また『妙貞問答』のイエス論があまりにも貧弱であることを指摘。

「骨ぬきにされた基督教――それが修道士ハビアンの基督教である」と断じた。遠藤にとって、キリスト者とは「イエスの生涯に倣《なら》う」ことであったからである。

ハビアンは「対仏教」に力を注いだ「理念の信仰」だった、それが遠藤の結論だ。

発掘されたハビアン

一九七二年は、ハビアン発掘の年となった。

神道史研究者の西田長男による『妙貞問答』に関する発表もこの年である。西田は吉田家旧蔵本『妙貞問答』に「上巻」が存在することを明らかにした。ここに『妙貞問答』の上・中・下巻、その全容が公開されることとなる。

そして、この年、ドイツ人キリシタン研究者フーベルト・チースリク（Hubert Cieslik）が「ファビアン不干伝ノート」を『キリシタン文化研究会会報（15－3）』に掲載した。この論文によって、現在知り得るハビアンの生涯がほぼ明確化される。

キリシタン研究者のチースリクは、ハビアンが日本イエズス会における重要な知的リーダーであったことを丁寧に証明した。

チースリクは、ルイス・フロイス（Luis Frois 1532–1597）の報告書によって、ハビアンの母はジョアンナと言って北政所《きたのまんどころ》（秀吉の正室であったねねのこと）の侍女だったことを明らかにする（ちなみに、チースリクは「だから京都の貴婦人層にハビアンは歓迎されたのでは」と推理している）。また、一五九〇年に巡察師ヴァリニャーノが長崎県の加津佐で召集した「第二回総協議会」にハビアンが最年少で参加したことをつきとめる。さらに、一六〇一年のイエズス会準管区長パシオの書簡によれば、当時の「神・仏・儒」解説書である『Buppo（仏法）』の編纂にハビアンが参加していたことがわかった。かつて姉崎正治が『妙貞問答』の上巻だと考えた『仏法之次第略抜書』は、この『Buppo（仏法）』という書の一部ではないかと考えられる（海老沢有道他編著『キリシタン教理書』、一九九三）。

チースリクと並走するかたちで、ハビアンを実証的手法で語ったのはキリシタン研究者の井手勝美であった。

井手は「日本史上、世俗化の段階に入った戦国時代末期を象徴する知識人」であると、ハビアンの特性を把握した。哲学者のフォイエルバッハ（L. A. Feuerbach 1804–1872）が「神学全体の秘密が人間学である」とキリスト教を相対化することに先立つこと二世紀以上、仏教・神道・儒教・道教・キリスト教ことごとく相対化した瞠目すべき人物、それがハビアンであると考えた（それにしても、ハビアンという人物は、「信仰」という視点から解読する場合と、「宗教思想」という観点から読む場合とではその評価の落差が大きい）。

井手は、「ハビアンは京都において修道女と駆け落ち同然に退会・棄教した」「『破提宇子』はキリシタン教団に衝撃を与え、脅威となった。キリシタン教団上層部は『読むな、持つな』と指導。禁書として扱われた」などといった事実を判明させている。

不干斎ハビアンの生涯、その全容

では、現在知り得るところの「ハビアンの生涯」を、チースリクの研究結果をもとに時系列に沿って書き出そう。

後に不干斎ハビアンと名乗る男は、一五六五（永禄八）年ごろ北陸あたりで生まれたとされている。永禄八年と言えば、桶狭間の戦いの五年後、松永久秀らによって十三代将軍の足利義輝が殺害された年である。室町時代の終焉、そして織豊時代の黎明期であった。一五九三年一月一日現在のイエズス会名簿（元旦現在、ということは昨年の実情を記述しているということである）によれば、ハビアンは二十七歳（満）であり、入会後六年となっている（前掲書）。イエズス会では、「ミヤコのハビアン」「上《かみ》のハビアン」と称されていたようなので、入会時には、京都に在住していたことがわかる。チースリクは加賀か越後の生まれだろうと推察している。父親は寺院の住職であったが早世したという。ただハビアンの父については、その後も生きていたという説があり、詳細は不明である。

キリシタン俗書の『南蛮寺興廃記』には、「梅庵（ハビアン）は、加賀の国の者。禅僧となり、慧春といった。癲瘡《ママ》となって、身体は破れ、腫れ物にみちた。貧しくて、乞食になっていたが、南蛮寺で病気を治してもらう。非常に喜んで、宗門のために働くこととなった。秀吉の側近の母に近づき、改宗を迫るが、仏教者の白応（柏翁）居士に論戦で負けて、逃げ帰る」といった記述がある。かなり都市伝説的なストーリーであって、信憑性は低い。

また『吉利支丹物語』によれば、ハビアンは京都・南禅寺に入り恵俊と称したとある。『南蛮寺興廃記』にしても『吉利支丹物語』にしても俗書であり、キリシタンに対して誇張的表現も多く、資料としては信頼できない。

しかしいずれにしても、禅僧であったことは間違いなさそうだ。井手勝美の推理によれば、臨済宗系の僧であり、京都の建仁寺か大徳寺にいたのではないかとされている。恵俊（恵春）と名のっていたようである。あるいは前述したようにキリシタン教会側の記録によれば、Unquio（雲虚）という名もあったと言う。そのハビアンは、一五八三（天正十一）年に禅仏教を捨てて、キリシタンに入信している。大坂・高槻のセミナリオ（神学校）へ入学したという記録がある。キリシタン教団が最盛期を迎えようとしていた頃である（一般に、秀吉の最後から慶長十九年の大追放までの十六年間をキリシタンの安定期と考える）。

しかし、ハビアンはなぜ仏教を捨てたのだろう。『南蛮寺興廃記』が言うように、キリシタンの社会活動に感銘を受けたからだろうか？　当時、「食うに困ってやってくる者ばかりで、他に生活手段があるのにやって来る者などない」とイエズス会日本布教長カブラル（Francisco Cabral 1533-1609）は書いている（松田毅一『南蛮のバテレン』、一九七〇）。しかし、ハビアンの場合、一応、禅僧の所化（修行僧、弟子）だったのであるから、少なくとも生活していくことくらいはできたであろう。物理学者であり史学者でもあった坂元正義は、母親がキリシタンに入信した影響ではないかと推理している。しかし、ハビアンが母親を入信させたとする説もある。ハビアンのキリシタン入信動機は不明のままであって、何の手がかりもない。ただ後の著作を見る限りでは、合理的に宗教を分析する傾向がかなり強いので、キリシタンの科学的知識に魅かれたのかもしれない。また、イルマン時代に仏僧の生活を厳しく批判しているので、仏僧への失望が原因だったのかもしれない（なにしろ、キリシタン棄教後は、はげしく宣教師の人格を非難している）。とにかく、ハビアンはキリシタンという新しい宗教に魅せられた。その新しい宗教はかつてない「絶対」という理念をもっており、強い「救済」原理をもっていた。すべての現象をことごとく相対化するベクトルをもつ禅とはずいぶん違った魅力があったに違いない。

さて、この年、セミナリオには七人が入学したが、こんな記述が残っている。「一人は十九歳の青年で、自ら小さな寺院と寺禄をもっているが、偶然、聖堂およびセミナリヨを見物に来て、説教を聴き、我らの主デウスに動かされて、ただちに洗礼を受ける決心をしたのみならず、その収入と小寺院を捨てて教会〔の奉仕〕に入る（entrar na igreja）決心をしてこれを実行した。彼は大いに才能があり、霊的な進歩を示している」（チースリク、前掲書）。この十九歳の青年がハビアンであるとすれば（チースリクはそう考えている）、所化として修道しながら、仏教や禅に疑問を感じていたが、教会での説教を聞いて「噂を聞いて見物に来たが……。これぞまさしく我が生きる道であり、選ぶべき道である」と心を震わせたことが入信動機だということになる。そしてハビアンの母も一緒に洗礼を受けた（チースリク、同書）。その青年は、ただちに洗礼を受け、寺院も収入も捨てて、奉仕活動へと入ったとある。青年ハビアンの強い宗教的パトスが感じられる記述である。そしてほとばしるパトスの中にも、後年発揮されるロゴスの強度も感じさせる人物だったのだろう、「大いに才能があり」と述べられている。入信の経過については、『南蛮寺興廃記』とはずいぶん違うが、資料としてはこちらの方が信頼できる。

一五八四（天正十二）年にハビアンは「同宿《どうじゅく》」と呼ばれる教会の聖務補佐役となり、翌年に大坂のセミナリオへと移っている。そして、一五八六（天正十四）年、正式にイエズス会のイルマンになり、大分の臼杵にあった修練院（ノビシアド）に移る。

その年にイエズス会に入会を許され、臼杵の修練院に入った十五人は「大西《おおざい》のセバスチアン、高田のマチアス、豊後のシミアン、セミナリヨより日向のフランシスコ、セミナリヨより古賀のマシモ、セミナリヨより長崎出身のルイス、セミナリヨよりポルトガル人の子ミゲル・コラソ、博多のジョアン、平戸のアントニオ、大坂のセミナリヨより五畿内のファビアン（Fabião do Goquinay, do Seminario de Ozaca）、セミナリヨより近江出身の近江ジョアン、セミナリヨより五畿内の三木パウロ、五畿内のジョルジェおよび五畿内の清水《きよみず》ジョアン、両人ともセミナリヨより、ポルトガル人フランシスコ・カルヴァリヨ」である。臼杵の院長はラモン神父（Pedro Ramon 1549–1611）だった。しかしその年の十二月には修練院が閉鎖されたので、ラモン神父たちとともに山口へ移動している。

一五八七（天正十五）年、秀吉が九州へと進攻、「伴天連追放令《バテレンついほうれい》」を出す。その影響もあって、長崎の千々石や有家のコレジオ（Collegio：神学大学）の学生・修練士、天草市河内浦の修練院など、数箇所の移動。それを経て、一五九〇（天正十八）年、長崎・加津佐のコレジオの学生となった。

一五九〇年、キリシタン史上特筆すべき会議が行われる。加津佐で行われた「イエズス会第二回総協議会」である。二度目の来朝であった東インド巡察師ヴァリニャーノが、「伴天連追放令」以後のイエズス会の方針を再検討するために召集したもので、キリシタンにおいてひとつのエポックメーキングとなった有名な会議である。そしてハビアンはこれに出席している。若干二十六歳、最年少の参加であった。この「総協議会」は、二十四名の神父と十名の日本人修道士によって開かれ、最年長はイルマン・ロレンソ了斎（一五二六～一五九二）であった。目が不自由な元琵琶法師で、説教の天才といわれた人物である。最年少の出席者であることからも、この時点でハビアンがキリシタン教団において頭角を現していたことがわかる（ハビアンは入会後の早い時期から、仏教各派や諸宗教に精通した人物であるという評価を得ていたようだ）。

総協議会から二年後、一五九二年十一月のイエズス会名簿によれば、ウンキョ・ハビアンは天草のコレジオでイルマン・コスメ高井と共に日本語を教えていたことがわかる（コスメ高井は、ハビアンとともに『Buppo（仏法）』を編纂したと思われる教養ある日本人イルマンである）。今で言えば、神学大学の教員といったところか。また、この年の十二月十日付で、ハビアンは『キリシタン版平家物語』（ローマ字で表記）の序を書いている。そこには、「不干 Fabian 謹しんで書す」と署名している（ちなみに、後に執筆する『妙貞問答』では不干斎巴鼻庵と署名）。

翌一五九三年一月一日のイエズス会名簿には、「イルマン・ウンキョ・ファビアン、ミヤコ出身、二十七歳、健康は中程度、イエズス会に六年、数年間ラテン語を勉強し第一級に進んだ、日本文学に甚だよく通じ、目下その教師としてコレジヨで勉学する日本人修道士に教授している」とある（チースリク、前掲書）。同年二月二十三日、ハビアンは『イソップ童話』の翻訳である『伊曾保物語』の序を書く。また、この頃、天草で出版された『金句集』の編纂にも関わるなど、なかなか精力的な著述活動をしている。

一五九七（慶長二）年、長崎のトードス・オス・サントスの教会へ移り、翌年には、長崎の岬の教会へ移っている。三年後に完成する『Buppo（仏法）』の編纂に参加。一六〇一年イエズス会の年報（準管区長パシオの書簡）には、「この年、日本の言葉に精通している二人の神学者には、坊主たちの秘密を研究するように命令が出された。彼らは二人の日本人修道士に助けられて、これらのごまかしの究明を立派に仕上げた。彼らのはなはだ大きな努力は、真理の敵を反駁するために大いに助けとなるだろうと我らは期待している」とある。この「二人の日本人修道士」は、ハビアンとコスメ高井だろうとチースリクは推理している。ハビアンはその豊かな教養と幅広い宗教知識を足がかりにして、次第に比較宗教学的視点を養い、キリシタン擁護論と仏教批判の理論武装をしていくこととなる。

一六〇三（慶長八）年、京都の下京教会へ。ついにハビアンはかつて仏僧として暮らした都へと帰ってくる。それもキリシタン教団のリーダー的存在として。

この年十月のイエズス会名簿には、ハビアンが下京にある教会に属し、「はなはだ良き説教師」と言われている。さらに、同年、下京教会と一小路隔てたところに女子修道会が設立される。内藤ジュリアと数人のキリシタン婦人の手による設立であった。指導司祭はモレホン神父（Pedro Morejón 1562–1639）であったが、ハビアンもこの修道女（ベアタス。あるいは比丘尼：bicuni）たちの教師として活躍したのである。

下京の教会は、近畿圏における教団の中軸を支える重要な教会であった。ハビアンはその知識と才能をいかんなく発揮し、イエズス会の教線拡大に尽力する。特に対仏教・対仏僧についての研究が精緻化されていった。

一六〇五（慶長十）年、京の教会にスピノラ（Carlo Spinola 1564-1622）が赴任してくる。スピノラは四十二歳、ハビアンは四十一歳。ハビアンとスピノラとの関係は順調ではなかったのではないかと姉崎正治が推理している（実際、スピノラに限らず、ハビアンが外国人宣教師に対して忸怩たる思いを何度も味わったことは間違いない。後年、「彼らはあまりにも傲慢だ。日本人を人間と思っていない」と吐露している）。スピノラはその後、一六二二（元和八）年、長崎での大殉教で火刑死する。

『妙貞問答』の執筆

この時期、イエズス会の資料には、仏僧リモン（Rimon）と論争した修道士の記述があり、これはハビアンであったろうと言われている。一六〇三年から一六〇五年の「日本年報」によれば、このリモンという僧は、レンイ（Ren-i）の弟子だったとある。しかし、リモンもレンイもどのような人物だったかはよくわからない。注目すべきは、リモンが論争した相手は、「現在我々のもとにいる日本の宗派に最も精通しているイルマン」と記述してあることである。

宣教師アンベルクロード（P. Humbertclaude）によれば、この時の論争は以下のようなものであったという。

なかなか論争が嚙み合わないので、このイルマンは、「霊魂の不滅についていかに信じているか」、そうリモンに質問する。これに対して僧侶リモンは、「一切は現世の生にて終るというのが拙僧の確信するところである」と返答した（この返答から推察して、禅僧であったかもしれない）。その返答を聞いて、イルマンは「それならば、なぜ貴僧は多額の銭を貰って、死者に対し葬式や葬式の経をあげているのか」と詰め寄る。

リモンは、「貴方の言う通りである。それは拙僧をいたく当惑させることなのである」、そう答えるのみであった（井手勝美『キリシタン思想史研究序説』、一九九五）。この問いは、この後もずっと「魂の不死」「神の救済」を説くキリシタンにとって仏教攻撃の材料となった。そして、この問いはハビアン自身が長くもち続けた宗教的テーマであったと思われる（さらには現代の仏教にも刺さったままのトゲだ）。

当時、キリシタンの修道士たちは、Q&A集やディベート・マニュアルを使って、ディベートのトレーニングもしていた。一方、仏僧も、江戸時代の初期あたりまでは宗論（仏教各派同士の論争。あるいは異宗教間の論争）が盛んであり、ディベートの手法も発達していた。さて、このリモンとイルマンとの討論は明らかにリモンがやりこめられている。ここでこのイルマンが活用しているのは、仏教でよく「与奪」と呼ばれた手法である。古来、日本の宗論においてディベートの大技としてしばしば使われた。一旦、相手に答えさせておいて（与）、その返答を使って反論を行う（奪）のである。もしこのイルマンがハビアンであったとしたら、仏僧時代に「与奪」の手法を学んでいたのかもしれない。

ちなみに、江戸時代になるとこのような宗教論争や宗派間の宗論は禁止される。キリシタンを禁教とし、それ以外の宗教はお互いに共存するような宗教政策がとられたためである。日本宗教を研究したベルギーの宗教学者ヤン・スィンゲドーは「和」と「分」の構造で日本宗教を読み解いている（『「和」と「分」の構造』、一九八一）。日本文化の特徴だとしばしば指摘される「和」は、「分」と密接に関連して成立していると言うのである。それぞれの宗教はそれぞれの「分」を守ることによって、日本人の宗教全体の「和」が維持されるというわけだ。このスィンゲドーの指摘が、日本宗教シーンのすべてに当てはまるわけではないが、少なくとも江戸時代における宗教政策は明らかにこのような理念だったことは確かである。

さて、スピノラが赴任してきた一六〇五年、ハビアンは京都で『妙貞問答』を著述する。ハビアン、四十一歳であった。『妙貞問答』は、女子修道院のベアタスたちのために書かれた教理書である。キリシタン・ハビアンにとって、最も充実していた時期かもしれない。おそらく『妙貞問答』は実際の対話や討論から編み上げられたものであったろうし、またその『妙貞問答』を使った講義はオーディエンスを魅了しただろう。ハビアン自身の内面においても、諸宗教が見事に整理されていた時期である。ハビアンの講義を受講した人々は、キリシタンの教えのみならず、「仏教各派」「儒教」「道教」「神道」の語りも新鮮な驚きの連続だったろう。しかも、語るのは説教者としても天賦の才能をもったハビアンなのだ。これまで、シンクレティズム（重層信仰・習合信仰）の土壌に生きてきた者たちは、次第に宗教というものがすっきりと系統立てられていく知的快感に酔ったはずである。

また、前出の排耶蘇の俗書『吉利支丹物語』には、この頃ハビアンは仏教徒・白応居士と問答したことが記載されている。白応は四条通り柳馬場に住まい、一時は比叡山の僧だった男だという。それによれば、白応が「君の宗門の本尊は？」と問えば、ハビアンは「我らの本尊は天地創造の一者である。森羅万象を創造したお方だ。日本は弥陀・釈迦の仏を尊び、天照を崇めている。

デウスの慈悲を知らない。ところで君の本尊は？」と応じた。白応は「君が今言った、弥陀・釈迦である」と応える。ハビアンは「いいか、教えてやろう。弥陀とはもともと法蔵菩薩という人間、釈迦はもともと悉多太子という人間なのだ。天照大神はイザナギ・イザナミの息子だ。人間が人間を救うということなどありえない。そもそも釈迦は十九歳で家出した親不孝者だぞ」と言って、浄土三部経や法華経の経典類を引き破ったとある。しかし、最後はハビアンが白応に言い負かされ、逃げ帰るという結果が記載されている。既述のように『吉利支丹物語』はキリシタンを揶揄・非難する書なので、かなり創作・誇張された話ばかりなのであるが、ハビアンが南蛮寺の第一人者であり仏僧たちと論争したことが人々の間に膾炙されていたからこそ、こういった記述が残っているに違いない。

一六〇六（慶長十一）年、四十二歳となったハビアンは、博多で代表的なキリシタン大名だった黒田如水の三回忌追悼説教を担当する。黒田如水の三回忌はイエズス会にとって正念場であった。この追悼式典の成功は、これからのキリシタン教団の行方を左右するほどのものだと意識されていた。失敗は許されない。

「ハビアンを呼ぼう」

そう準管区長パシオ神父は判断した。結果として、この策は成功した。ハビアンの説教は、人々の魂を揺さぶり、如水の三回忌は関係者を満足させる出来で幕を閉じた。次いで、同年、今度は京極マリアの娘マグダレーナ（朽木《くつき》宣綱《のぶつな》の妻）が亡くなり、盛大な葬儀が行なわれ、ハビアンはここでも追悼説教を行っている。そして、ハビアンの説教の様子がフランシスコ会ムニョス神父の報告書に載っている。

「日本の文字や仏法に明るいという噂のハビアンと称する一エルマーノ（イルマンのこと）が彼らに説教をしました。彼はこの説教をまるで使徒のように巧みにし、釈迦や阿弥陀の仏法及び分裂している諸宗派の述べる説教を極めて雄弁・容易に行なったので仏僧でさえ自分たちより上手な説教を彼の口から聞いて驚きました。それから雄弁に仏法を批判したので、当然それは迫力に満ち大きな効果を挙げ、聴衆は自分たちの心に混乱を生じながら感歎し、学識のある仏僧はなおさらのことでありました。何故なら彼が堂々と、『もし私の述べたことに反対する道理があるなら、それを言って下さい。私は喜んで皆さん方の言葉を聞いて皆さん方を納得させましょう』と言ったからであります。一言も敢えて発する者がなく、みな困惑し恥じ入り、説教が終わるとそれ以上待とうともせず殿やそのほかの人々に挨拶もしないで、頭を低くして立ち去りました」

このとき葬儀会場となったのは新しく完成したばかりである壮麗な天主堂だ。並み居る遺族や神父や修道士、そして仏僧や一般参列者を前にハビアンは、「ご出家のみなさま、死によって四大分離、あるいは五蘊分離し、無や空へと帰すのが仏教の立場のはずです。しかし、みなさん実際には死者の法要を営んで寺院を運営しておられる。これをどうお考えでしょうか」「造り主であられるデウスさまの教えは違います。キリシタンにしか真の魂の救いはないのです。私も元禅僧でした。しかしデウスさまへの信仰の道を選んだのです」、滔々とこのような内容を語ったに違いない（レオン・パジェス『日本切支丹宗門史』、一九三八）。ハビアンの舌鋒は鋭く、非キリシタンたちを叩きのめした。なにしろ、このハビアンの説教によって、仏僧たちは激怒し、行政に訴えることになったほどなのである。

そして、この年、ハビアンは林羅山と対面し、討論している。これは別の章で詳述しよう。とにかく、このあたりはイルマンとしてのハビアンにとって最も活動的な数年間であった。キリスト教教理と日本宗教文化とをすり合わせながら体系化し、キリシタンという宗教の理論的支柱となり、論客としても最前線を支えたのである。

一六〇七（慶長十二）年、イエズス会準管区長パシオ神父は、徳川家康・秀忠を訪問するために関東へ向けて長崎を出発した。途中、京都に寄り、そこからハビアンが同行することになった。江戸から帰る途中では、相模の寺院に生き仏（阿弥陀仏の化身）がいると聞いて、日本人修道士が論争に訪れてこれを論破する（チースリク、前掲書）。また、駿府で本多上野介正純に、ハビアンがわざわざ『妙貞問答』とは別に書したキリシタンの教理と仏教反駁の書物を贈呈したとイエズス会報（一六〇七年）に記されている。

突然の棄教　―ひとりの女性と共に―

その後、『妙貞問答』はイエズス会のみならず、フランシスコ会など他の修道会でもテキストとして使われるほどの評判となる。

京都下京の教会にハビアンあり、そのような評価が広がる最中の一六〇八（慶長十三）年、突如、ハビアンは四十四歳にして、ひとりのベアタス（清貧、貞潔、従順を守る女性の修道誓願者）と共にイエズス会を脱会し、行方知れずとなる。このことは、一六二一年三月十五日付の日本管区長マテオ・デ・コウロス（Mateo de Couros 1568–1633）がイエズス会総長ムツィオ・ヴィテレスキ（Muzio Vitelleschi 在位 1615–1645）に宛てた手紙によって判明した。コウロスは、手紙の中で以下のように記している。

「ハビアンは今から十三年前のことですが、イルマンであった当時、我々の隣家で共同生活をしていた数名の都《ミアコ》のベアータの一人と共にコンパニア（注　教団のこと）を脱会し、その時から直ちにキリスト教の教えを棄てました」（井手、前掲書）

キリシタン教団のリーダー的存在であったハビアンが、突如、ひとりの女性とともに行方をくらませた。長年の研鑽によって自らの才能を開花させたあのハビアンが、なんと修道女と駆け落ちである。そのまま二人はキリシタン信仰をも棄ててしまった。はたしてハビアンに何があったのだろうか。

ハビアンは修道女たちを指導していた。教育の場とはエロティックな親和性をベースに成立している（内田樹『「おじさん」的思考』、二〇〇二）。学ぶ者の知的好奇心が強ければ強いほど、教師はエロス的欲望の対象となる（内田によれば、その自覚がきちんとないからセクハラ事件が起きる、ということになる）。まして、卓抜した論舌と溢れる才能をもったハビアンである。魅了されるベアタスがいても不思議ではない。そして、ハビアンはひとりのベアタスと深い仲になり……。

では、ハビアンは恋愛に生きるため信仰を捨てたのだろうか？　それとも彼の思想的営為の結果なのだろうか？　棄教へと至るほどの何か大きな出来事があったのだろうか？　考えてみれば、ハビアンはかつて仏教の信心を捨てている。彼は次から次へと宗教を渡り歩くような人物だったのだろうか（そういう人はけっこういる）。「ハビアン脱会・棄教の謎」については多くの人物が推理している（第四章で詳述）。

晩年に著述された『破提宇子』によれば、ハビアンたちは、キリシタン教団に見つからないよう、奈良、枚方（中宮村。現、枚方市中宮）、大坂と逃亡生活を続けている。一六一二（慶長十七）年に、かつての上司であったモレホン神父のもとに立ち寄った後、博多に赴き、一六一四年以後は、長崎に在住している。一六一六年三月二十日、準管区長代理ロドリゲスの書簡によれば、「総会長はすでにハビアンのことを知っておられるでしょう。すなわち、彼はコンパニアを去り、また信仰についても同じようにしたでしょう。彼は今ここ長崎に居り、彼の誓願はまだそのままになっています」（井手、前掲書）とある。

また、ハビアンは棄教後、長崎奉行長谷川権六に協力し、キリシタンの取締りに協力していた。一六一六年から一六一九年の間、長谷川と共に江戸へと上ったハビアンは、長崎代官アントニオ村山当安事件（第四章参照）において、ドミニコ会とフランシスコ会の補助者村山当安（一五六二〜一六一九）を弁護し、反イエズス会の立場に立っている。また、長崎奉行長谷川権六が江戸から長崎に戻るときにハビアンが同行したことがわかっている。[※6]

さらに一六一九年、五十五歳で江戸に上り、二代将軍徳川秀忠と面談している。長崎からわざわざ江戸まで呼び寄せられたのである。つまり、この時点でハビアンは反キリシタン側の貴重な人物として注目されていたことがわかる。秀忠の治世において、キリシタン迫害・禁教の執行は強化された。主権的政府確立のために、宗教統制と貿易権の掌握は幕府の主要かつ緊急の課題である。そのためキリシタン禁圧は政策の重要な柱の一つとなる。この時期、キリシタンの取り締まり、改宗の強要は激化し、おびただしい殉教者が出る。そんな中、キリシタンを知りつくした男ハビアンならキリシタンを論破できるし、キリシタンという宗教の問題点も見通している。

一六二〇（元和六）年、ついにハビアンはキリシタン批判書『破提宇子』を世に出すこととなる。突如、当時の宗教シーンに返り咲くのである。ハビアンにとってはまさに晩年のことであった。井手は、『破提宇子』の執筆には、徳川秀忠あるいはその幕閣による要請があったのではないかと推理している。

実はハビアンがイエズス会への批判と問題点について書いたのは、『破提宇子』が初めてではない。脱会後しばらくしてモレホン神父に手紙を書いており、その中で痛烈な批判を述べていたようである（このことはモレホンが書き残しているものの、当の手紙自体は現存していない）。失踪後、わざわざモレホンのもとを訪れたり、手紙を送ったり、自らの信仰に明確な線引きを示す行為である。そういうことを実行する性質《たち》の人物だったのだろう。ハビアンからもらった手紙のことが書かれているモレホンの記述からは、ベアタスとの駆け落ちが大きな要因だという雰囲気は読み取れない。おそらくハビアンは「これこれ、このようなわけで、キリシタン信仰はおかしいと思う」といった内容を書き送ったのではないか。

『破提宇子』の序には、「親友から執筆を勧められた」という話が出てくるが、この親友とは長谷川権六ではないかと井手勝美は述べている。『破提宇子』は、長崎のみならず京都でもたいへんな騒ぎになった。既述のように、管区長コウロスは『破提宇子』を「地獄のペスト」と称し、即座に禁書としている。そして、『破提宇子』への反駁書を作成することも決定している（残念ながら現存せず、実際に作成されたかどうかも不明）。『破提宇子』は、キリシタン教団にとって、脅威の書となった（『破提宇子』のポルトガル訳が作成されたようであるが、現存していない。一部をイエズス会総長へ、一部をマカオの巡察師に送ったとのことである）。余談だが、明治期になって『破提宇子』は復刊されている。キリスト教に脅威を感じた政府が復刊させたと言われている。それほど、日本人とキリスト教という関係に影響を与え続けた書なのである。

長崎にて死す

『破提宇子』を出した翌年（一六二一、元和七年）、ハビアンは長崎で死んでいる。長崎の地区長であったバエサ神父（Joan Baptista de Baeça 1558–1626）がスペインに居るモレホン神父に宛てた手紙からこのことが判明した。しかし、死去の日時やその時の状況は不明である。

こうして、ハビアンの生涯をあらためて概観してみると、身体的にも精神的にも走り続けた人生であったことを再確認できる。宗教研究者にとって、まことに興味深い人生である。禅のようにすべてを相対化する方向性を強く持った宗教と、キリスト教のように絶対なる中軸で支えられた宗教の双方を深く学び、しかも実際に教団内部で修行僧として修道士として生きた人物である。

私も教団宗教者だからよくわかるが、宗教教団は「宗教性を成熟させる体系」と「教団に寄与させる体系」の両輪を駆動させて運営されている。「信仰」と「伝道」などもその一例である。そして、ハビアンの生涯にもこの両側面を読み取ることができる。しかし、ハビアンの生涯や思想にはそれ以外の「動機づけ」があるようにも感じられるのである。彼が己の宗教性を触発されるのは、その宗教がもつ方向性（例えば、相対化傾向が強いとか、絶対性をもつとか）よりもむしろその宗教によって人格や生活がどのように成熟していくのか、という人間学的な部分にあるのではないのか。

とにかく、結果的には、全生涯・全人格のすべてをかけて、ハビアンは当時の日本におけるメジャー宗教のすべてをことごとく論破するということとなった。すべての宗教を相対化しつくした先に彼はどのような光景を見たのであろうか。

※1　『ドチリイナ・キリシタン』は「キリスト教の教理」という意味の書名。現代で言うとカトリック要理に該当する。一五九二年と一六〇〇年に国字本とローマ字本が編纂された。

※2　『南蛮寺興廃記』によれば、秀吉に仕える中井修理大夫の母は熱心な念仏宗の信者だったが、梅庵（ハビアン）に改宗を勧められ、キリシタンになると約束する。しかし、修理大夫はこのことを秀吉に報告。秀吉の逆鱗に触れ、秀吉はキリシタンを禁止する。梅庵はあわてて西国に身を隠した、とある。

※3　筆者の知るところでは、他にも洗礼名がハビアン（ファビアン）である人物はいる。

※4　現在もカトリックには信仰の解説書である『カテキズム』がある。日本のキリシタンでも、一五八一年に翻訳された。その内容は長く不明だったが、一九六〇年、松田毅一がポルトガルのエヴォラ公立図書館の古屏風の下張からその一部を発見した。すごい発見だ。

※5　海老沢は、一九六〇年に松田毅一が発見した「エヴォラ屏風文書」が、一五八一年春に出来た『日本のカテキズモ』だと確認している。

※6　このことは、一六三三年、マドリッドで刊行された『日本キリシタン教会史』（ハシント・オルファネール著）と、一六二一年のバエサ神父の書簡から判明。

第二章　『妙貞問答』が語るもの

近年において不干斎ハビアンの名を世に知らしめたのは山本七平である。山本は、思想研究書やキリシタン研究書としてではなく、一般書でハビアンを取り上げ、さらにはハビアンを足がかりとした日本文化論を展開した。山本の著作によってハビアンを知った人も多いであろう。山本七平は『妙貞問答』を「既存の日本の宗教のすべてを批判したという点で、日本最初のものであり、それまでに存在した神道・仏教・儒教の相互批判とは本質的に異なり、脱既存宗教を説いている点に特色がある」（『日本教徒』、一九九七）と高く評価している。山本は『妙貞問答』の思考プロセスを驚嘆すべきものであると評価した。『妙貞問答』は、既存の日本宗教、そのすべてを批判した最初の書である。

キリシタン体系の結実『妙貞問答』

『妙貞問答』は、ハビアンが婦女子を対象にキリシタン入門書として著述したものだと考えられる。しかし、山本が指摘するように、『妙貞問答』は当時大きなフィールドをもっていた既存宗教のすべてを批判するという稀有な書であり、かつ日本人の手になる最高のキリシタン護教論書である。さらに、キリシタンの立場から神仏儒のすべてを語り批判した、個人の著作としては日本思想史上唯一のものなのだ。その後のキリシタンの理論的支柱となったとさえ言われる『妙貞問答』。その内容を概観してみよう。

『妙貞問答』は上・中・下の全三巻の構成になっている。全編通じて(パトス的ではなく)ロゴス的であって、あふれる信仰の情熱、といった感は少ない印象を受ける。現在、『妙貞問答』の写本はわずか二本のみ。吉田家旧蔵本(上・中・下巻。現天理図書館所蔵)と、林崎文庫旧蔵本(中・下巻のみ。現神宮文庫所蔵)である。

『妙貞問答』は妙秀と幽貞という二人の尼僧が対話するという形式になっている。主に妙秀が質問して、幽貞が答えている。この妙秀は関ヶ原の合戦において石田三成方で戦い、討ち死にした武将の未亡人という設定だ。

「上巻」で幽貞は仏教の基本理念から、日本仏教各宗派の特徴をダイジェストで語る。そしてそれぞれの宗派の相違はあるものの、仏教である限り「無」「空」の一点へと到ることを論証する。さらに幽貞は、「中巻」で儒教・道教を解説し、仏教・儒教・道教の三教が一致すると述べる。また神道についても妙秀に教示し、神道の正体は夫婦・子育てを神の名のもとに語っているだけだと切って捨てる。そして「下巻」でキリシタンの教理を語り、いかに他宗教と相違するかを提示するのである。では順を追って『妙貞問答』を読んでいこう。以下、引用した原文は、海老沢有道他編著『キリシタン教理書』(教文館、一九九三)によった。

『妙貞問答』の仏教総論

「上巻」は、仏教および仏教各派の解説と批判が述べられている。戦国時代から織豊時代を経て現在へと至る経緯を無常観たっぷりに表現するといったなかなか魅力的な序文に始まり、続いて

「仏説三界建立ノ沙汰之事」「釈迦之因位《いんに》誕生之事」「八宗之事」「法相宗《ほつそう》之事」「三論宗之事」「華厳宗之事」「天台宗之事 付日蓮宗」「真言宗之事」「禅宗之事」「浄土宗之事 付一向宗」となっている。項目だけ見ると、さながら鎌倉時代後期の学僧・凝然《ぎようねん》の著述『八宗綱要』（仏教各派の教理解説書）のごとくである（ハビアンは『八宗綱要』を読んでいただろうと言われている）。

前章で見たように、かつてこの「上巻」は消失してしまっていると考えられていた。一九七二年に「上巻」の存在が明らかになり、それまで考えられていたものよりもずっと仏教に関する記述が詳細であることがわかった。『妙貞問答』「上巻」で語られる仏教批判の骨子は、「無や空に帰着するので救いがない」「絶対者の概念がない。釈迦も諸仏も人間であり、造物主ではない」に集約できる。

まず「序文」を読んでみよう。

「爰《ここ》ニ少シ思《おもひ》アヤフ[ム]事侍リ。頃《このごろ》、人ノ世ニモテハヤス貴理師端《きりしたん》ノ教ハ、或人ハタウト（貴）シト云、又、或人ハヲソロ（恐）シキヤウニモ取沙汰スレハ、此事如何ト不審、『温故而知新』ト云事アレハ、アハレ委《くはしく》語ル人モ侍レカシト思ヒケルニ」

亡くなった夫の菩提を弔うために尼僧となった妙秀が、「このごろ評判のキリシタンの教え。ある人は尊いと言い、ある人は恐ろしいと言う。『温故知新』という言葉もある。誰かに詳しく聞きたいものだと思っていたら……」、幽貞という尼僧に教導してもらうことがかなったというわけである。幽貞は妙秀との対話に沿って、丁寧に仏教各宗派、儒教、神道、そしてキリシタンの教理について解説する。

幽貞・妙秀の両人は、ともに慎み深く、品位を落とさず、微妙な会話をかわしながら、宗教について熱く語る。教導役の幽貞にしても、浅学菲才を恥じ、詳しいことはきちんとした出家者に聞いてください、といった態度であり、あまり押しつけがましいところはない。妙秀の質問も、予定調和とはいえ、いいポイントを衝いている。

「序文」に続いて、「仏説三界建立ノ沙汰之事」という項目が述べられる。「仏教の総論」といったところである。特に「仏教の世界観」が詳述される。後に語られる予定のキリシタンの世界観（こちらは科学的知見に基づいている）との相違を明確にするためであろう。


幽貞。（……）サレハ、三界建立ナト、申事ハ、此宗ニハ曾テ無事《なき》ト申也。其謂《いは》レヲハ、カツ〳〵左ニ顕《あらは》スヘシ。理ヲ以《もつて》、分別シ玉フヘシ。

妙秀。何トテ、三界建立ノ沙汰ヲ無事《なき》トハ宣フソヤ。（……）

妙秀。サテ、其日月ノ事ヲハ、貴理師端ニハ如何《いかが》沙汰候哉。

幽貞。貴理師端ノ沙汰ハ、後ニ申ヘシ。（「仏説三界建立ノ沙汰之事」）


ここは、仏教の世界観である「三界[※1]（欲界・色界・無色界）」がいかに虚構かということが述べられている場面である。

例えば、仏教で語られる「須弥山」は水の上に出ている高さ八万由旬《ゆじゅん》、これを計算すると五十三万三千三百三十三里十二町の高さとなる。その高さなら、世界のどこにあっても日本から見えないはずがない。「須弥山」がないとなれば、そこにあるはずの忉利天（三十三天）・帝釈天もない。欲界の最初からウソなのだから、三界の話も成り立たない、といった具合だ。ちなみに『妙貞問答』が著されてから約百十年後に生まれる天才・富永仲基も仏教批判書（というよりは研究書）『出定後語《しゅつじょうごご》』の中で「須弥山を中心とした仏教の世界観」を取り上げている。仲基は「荒唐無稽な話だが、この手の話は年月を経るにつれていろんな話がくっついてしまった結果だ。それを非難しても仕方ない。読み取るべきは、心の動きや働きによって世界を語ろうとしている仏教の姿勢である」といった内容を語っている（ハビアンと仲基、いつかぜひ比較研究してみたい二人である）。

妙秀は、「では、キリシタンはこの世界をどう語っているのでしょう？」と問う。幽貞は、「キリシタンについては、後でお話ししましょう」と返答し、続けて「六道」も虚構だと説明する。「六道」とは、中央アジアから東アジアにかけて大きな影響力をもった生命観である。行いの善悪によって、「天道・人（間）道・（阿）修羅道・畜生道・餓鬼道・地獄道」の六つの世界へと輪廻転生するというものである。「六道」は決して仏教だけの思想ではないのであるが、日本においては仏教の文脈で語られる。※2

これに対し妙秀はこのように反駁する。

妙秀。（……）三界建立ノ沙汰は兎《と》モアレカシ、仏ノ教ニテ後生ヲタニモ助《たすか》ラハ、ソレマテニテコソアラメ、ト思フハイカニ。ト有ケレバ。

幽貞。承リ候様ニ、仏ノ教ニテ後ノ世ヲサヘ助ラハ、元ヨリ何ノ不足カアルヘキナレトモ、ソレコソ、ナラヌ事ノ第一ニテ侍レ。（「釈迦之因位誕生之事」）

「三界が虚構であったとしても、仏法で後生が助かるのであれば、それで充分ではないですか」と言うのである。この反論は実に興味深い。つまり「宗教機能論」なのだ。たとえ虚構のストーリーであっても、最終的にその人が救われるのであればそれは立派な宗教ではないのか、という機能論は現在でもしばしば論点のひとつとされる。そして、このような機能論的視点に立脚するのは仏教思想における特性のひとつでもある。このあたり、『ドチリイナ・キリシタン』にも『日本のカテキズモ』にも『仏法之次第略抜書』にもない、ハビアンによる感性であろう。この質問からは「仏僧であった」「機能論的に宗教を把握する」といったハビアンの特性を見てとることができる。

しかし、幽貞は「その通り、後生が助かるのであれば、何の不足もありません。しかし、そこが問題なのです」と応答する。そして、釈迦の一代記を語り、一人の人間であったことを強調する。例えば、釈迦が誕生時に「天上天下唯我独尊」と発言したことについて、雲門禅師の「そんな傍若無人なことを言う赤子、ワシがその場に居たなら叩き殺して犬に喰わせる」といった故事を引いて、傲慢で徳が無いと批判する。仏教の批判をするのに、禅僧のエピソードをもちだすあたり、どこか元臨済の禅僧であることを感じさせる。またどこかユーモラスでもある。『妙貞問答』が、婦女子の読み物としても十分耐えうるものであったことが窺えるのである。

また、幽貞は、ホトケというのはもともと「ホトヲリケ（ホトヲリは熱。ケは気）」、つまり熱の出る病気からきていると説明している（ホトケの語源は諸説ある。柳田國男は死者に供える食器のホトキから転じたと述べている。中国で仏教徒のことを浮屠家《ふとけ》と呼ぶので、それが転訛したという説もある）。さらに幽貞は続けて、「インドではブッダと呼び、中国では覚者と呼ぶ。覚者とは覚った人ということ」と解説し、何を覚ったかと言うと「畢竟は空である。ゆえに仏も衆生も地獄も極楽もつきつめれば無いのだ」ということなのだと断ずる。つまり、仏教を極めればここに至るのだと幽貞は述べる。

そして、「釈迦は人間ではないか。元は一人の凡夫ではないか」という結論へと導かれる。ここだ。キリシタンによる仏教批判の軸のひとつが、「釈迦も阿弥陀仏も神（造物主）ではない。単に人間が悟りを開いた存在じゃないか」という主張である。キリシタンの「デウス（神）」を理解するのにはわかりやすい対比である。また、キリシタンが他宗教に対して優位性を確保するのに大変有効だ。

著者も「神と仏はどう違うのですか」といった質問をしばしば受けることがある。神も仏も多義的なので、簡単には説明しにくいのであるが、ひとつ言えるのは「覚者である〝仏〟」と「ユダヤ教・キリスト教・イスラームで語る〝神〟」がまったく別物であるということだ。仏教で語られる「仏」とは仏陀（ブッダ＝目覚めた人）を指す。「悟りを開いた人間」のことである。これに対し、ユダヤ教・キリスト教・イスラームの神は万物の創造主であり、唯一無二で絶対なる存在だ。こちらでは、人間が神と成ることはあり得ない。またこの神は「尋の常ならむもの（本居宣長による日本のカミの定義。カミは『世の常ならずすぐれたる徳のありて、かしこきもの』＝尋常でなく徳のあるもの、であるからいろんな人や物がカミとして祀られる）」である日本の「神」ともまったく別物なのである。

ここで、妙秀は「いやいや、仏は単に人間であるとするのもあやまりですぞ」と反論する。確かに「仏」も、大乗仏教で語られる諸仏（大日如来や阿弥陀仏など）は、ある意味教えをシンボライズした超越的存在であり、ヒンドゥー教の神とリンクするなど多義的な面がある。さらに妙秀は「仏教がすべて無に帰着するから来世を否定するというのも間違っております。なぜなら仏教では断見（すべては無である）も常見（死後も存続する）も両方否定するからです。この無と有から離れるところに悟りはあるのです。これを中道と言います」と幽貞に語る。このあたりも仏教を学んだハビアンならではの展開である。『日本のカテキズモ』や『仏法之次第略抜書』[※3]など他の仏教批判に比べて数段上の読み応えである。

しかし、幽貞はこの妙秀の反論を「一応はそのように言うのであるが、つきつめれば仏教が説いているのは、すべての存在は四大五蘊と呼ばれる構成要素によって成り立っており本体は空である、ということにつきるのだ」と一蹴する。確かに仏教では永遠不滅の魂が否定されている。仏教という宗教の特徴である。すべては一時的状態だと考えるのである。そして幽貞は「中道というのも、仏性というのも、心の有り様を説いているだけであって、これも空の異名なのだ」と少々強引な結論へと導く。幽貞の論旨は、宗派によって用語や多少の解釈の相違はあるが、仏教は「一切が空だ」というところへ行き着くのだ、といったものなのである。

『妙貞問答』の仏教各論

そして、幽貞の仏教解説および仏教批判は各論へと移行する。

幽貞。先、八宗ト申ハ、倶舎、成実、律宗、法相、三論、華厳、天台、真言、是也。此外ニ、禅、浄土ヲ加テ十宗、一向宗、日蓮宗マテヲモ加テ、十二宗トハ申也。是ヲ大乗、小乗トヲ（押）シ分テ、大乗ヲ尚理深ク、タフトキヤウニ用ヒ、小乗ヲハ理モ浅ク、タフトキ事モ薄キヤウニ申也。然《しかれば》、倶舎、成実、律宗ヲハ、一向浅近トテ、小乗ト定ラレテ侍リ。サレハ、倶舎宗ト申ハ、世親菩薩ノ作、『倶舎論』三十巻ヲ以立《たて》タル者也。（「八宗之事」）

幽貞は、八宗（倶舎・成実・律宗・法相・三論・華厳・天台・真言）や、十二宗（八宗に加えて、禅宗・浄土宗・一向宗・日蓮宗）を挙げ、まず大乗仏教と小乗仏教とに分ける。次に、「倶舎・成実・律宗は、小乗仏教なのでレベルが低い」と語り、それぞれを解説する。

倶舎宗は「修因感果」を説く。修因感果とは、善根功徳という（原）因は楽という（結）果をもたらし、悪業という因は苦という果をもたらすという因果律のことである。仏教では「自因自果」と言って、自らの行為は自らが責務と結果を背負わねばならないと考える。そしてハビアンは「これはレベルの低い教えである」と切って捨てるのである。ハビアンの眼から見れば、ここには慈悲も救いも説かれてないということなのだろう。

成実宗は「成《じやう》は能入《のうにう》（悟りに入ること）、実は所入《しよにう》（入る悟りのこと）」のことであり、その悟りとは「空」の義である。つまりすべての現象は「空」であると覚るということ、これは一見大乗仏教のようであるが、最澄や嘉祥などは小乗であるとしている、とハビアンは述べている。

律宗は戒を説く宗派であり、その戒はつきつめれば止持《しじ》（悪を為さざること）と作持《さじ》（善を行うこと）との二つである、と解説する。このように、各宗派の体系を「つきつめれば、こうなのである」とか「その体系をたどれば、つまりこういうことを言っているとわかる」というまとめ方は『妙貞問答』に一貫して見られる態度である。このあたりハビアンが「知」「合理」が先行する人間だと評される所以だろう。
この項でハビアンは、「仏教では、救いや善や悪、すべては即〝真如〟(ありのままの存在。真実の姿)に決着する」と結論づけている。これは、後述のキリシタンとの相違を際立たせるための伏線となっている。

学派仏教

幽貞は、大乗仏教・小乗仏教という大枠を述べた後、当時の仏教諸派をひとつひとつ取り上げて語る。まずは奈良仏教の「法相宗」「三論宗」「華厳宗」である。
法相宗については以下のように評する。

幽貞。サテ又、法相、三論ト申モ、大乗ノ名ハアレトモ、猶是モ権大乗ト申テ、実ノ位ニハ及《およば》ズト云リ。先、法相宗ハ、唯識宗トテ是ヲ云リ。然者《しかれば》、此宗ニ尺(釈)迦一代ノ教ヲ判スル時ハ、三時《さんじ》教《けう》ト云《いへ》ル事ヲ立《たつ》。(「法相宗之事」)

法相宗と三論宗は、一応、大乗仏教とされているが、実は小乗的な部分もあって、「権大乗」と言い、やはりレベルが低いと評している。そして、法相宗の唯識理論を詳述し、「唯心論」だと言って批判する。確かに法相では(ハビアンも書いているが)、すべては心の投影であり、心の外に実体は存在しないと考える。そして、その心（認識）を智慧へと転換することを説くのである（転識得智《てんじきとくち》）。このあたり、ハビアンの筆は冴える。後に述べられる、「絶対なる神」という衝撃の概念を提示するための前段階だからである。巧妙に、そして着実に論理は組み立てられていく。

次に幽貞は「三論宗」について述べる。

妙秀。アラ〳〵不思儀（議）ヤ。是ハ相宗ニ捨（於）テモ、随分ノ法問（門）ト聞侍ルカ、何トシテ、カ様ニ明ラカニハシ（知）リ玉フソ。（「三論宗之事」）

妙秀は幽貞があまりに見事に唯識を解説するので、「あなた、なぜそれほどよくご存知なのですか？」と問う。マコトにもっともな疑問である。この『妙貞問答』は、こういう会話をはさみながら論述を進めるところに妙味がある。ハビアンが、物語としても読んでいけるように工夫をこらしている証左である。

妙秀の問いに対して、幽貞は「私の亡き夫ゆかりの出家者は、すぐれた学僧がいれば、どんな遠いところにも出向いて教えを請う人だったのです。そしていつも私にさまざまなことを聞かせてくださいました」と告白する。ちょっとした設定にも趣がある。

幽貞は、三論宗にも煩瑣な教学があるものの、結局は「執着を捨てて、空を覚ればよいのだと説く」ことを明らかにする。

南都六宗は、現在の宗派のような独立したものではなく、一種の学派である。ゆえに法相を学ぶものは倶舎を学び、成実宗は三論の属宗であった。このあたりの事情も、ハビアンは了解していたようである。

そして幽貞の解説は、稀有壮大な体系をもつ華厳宗へと進む。

幽貞。（……）此心ヲウケツク華厳宗ハ、一切ノ法ノ事理ヲ円融《えんにゆう》シテ、サワリナシト心得侍リ。事理ヲ円融スルト申事トハ、諸法ノ上ニ見タル処。理トハ、其内ニコモル性ヲハ理ト申也。円融トハ、事《じ》ハ理、理《り》ハ理ト隔ス、事モ理モ一ツナルソト云事ニテ侍。「色即是空、空即是色」ト云モ、又此心ニテ侍ルヲヤ。事理円融ノ上、尚又、事事モ円融シ、理々モ円融ト説レタリ。（「華厳宗之事」）

『華厳経』の体系は哲学的思弁的であって、一筋縄ではいかない。ここでは、まず華厳では五教を立てて仏教全体を分類することから解説を始める。そして、「此別教一乗、別於彼三乗（三種類の仏道を説く小乗仏教ではなく、すべての人が平等である一乗すなわち大乗仏教の教えである）」を述べて、事と理の無礙《むげ》であることを説明し、華厳も「空即是仏」と結論づけ、「何モナキ処、即、仏ト也。アラ勿体ナノ事ヤ」と揶揄する。

こうしてみると、ハビアンが各体系のメインラインを見抜いて分類する手法を取るのは、やはり仏教を学ぶことで鍛え上げられたのではないかと思われる。

ちなみに、ここで述べられる「事」と「理」の概念は、後述する林羅山との対決で重要なカギとなる。

総合仏教と密教

『妙貞問答』「上巻」では、天台宗に関する記述に最も多くの紙数を割いている。天台宗は総合仏教であり、日本仏教各派の母体である。その裾野が広い天台の体系をハビアンはよくまとめている。また、日蓮宗をここで語るのも、的を射ている。日蓮宗は、ある意味「天台宗原理主義」的性質をもっているからだ。

幽貞。サテ、天台宗ト申モ、是又、極《きはめ》タル大乗ニテ、事広ク侍リ。サレトモ、先、其要ヲ取テ申セハ、一代ヲ分別セラル、ニハ、四教、五時ト云事ヲ立タリ。（……）

幽貞。（……）惣シテ、アノ日蓮宗ト申ハ、天台ノ内証ニハカワリ、万《よろづ》ニ私ナル事ヲノミ云テ、此御経ナラテハ助ラスト申也。是ハ皆、仏法ニテモ観道ト云テ、悟ニ暗《くらき》故ニテ侍リ。禅宗ナトハ、カヤウノ衆ヲハ無眼子《むがんす》トテ、法ノ為ニハ、メクラノヤウニ云リ。（「天台宗之事　付日蓮宗」）

幽貞は、天台宗を「究極の大乗仏教なので、その教えは広大深遠であられます」と賞賛し、次いで「五時四教（通常は五時と八教で考える）」を解説する。これは有名な天台大師による教相判釈（仏教の体系を整理して各教典や宗派の位置づけを明確にすること）で、成道以降の釈尊の一生を五つの時期に分けて考え、それぞれに仏教経典をあてはめることで『法華経』の優位性を説いたものである。

さらに「四諦（「なぜ苦悩は生じるのか」「どうすれば苦悩を解体できるのか」という仏教の根幹を、四つの因果律の構図で説明したもの）」「十二因縁（人間の苦悩が成立するメカニズムを十二の項目で系統的に説明したもの）」「四向四果（出家者の「四つの修行目標」と「四つの到達境地」）」を述べるあたりは、仏教の基本教理をきちんと押さえながらの解説となっており、ここの章は筆に力が入っていることがわかる。また幽貞は、日蓮宗のファンダメンタリスティックな傾向を見抜き、『法華経』でなければ助からぬというのは仏法を見誤っている、と批判している。

妙秀も「これまで、いかなる善知識も、そんなにコト分けて教えてくださったことはない」と驚嘆している。驚嘆していると言っても、ハビアンが自分で解説して自分で賛辞を送っているのであるが……。

妙秀は、これまでの仏教解説を聞いて、仏教は基本的にこの現世の話ばかりであることに気づく（これも後に展開される「キリシタンの教え」との差異を語るための伏線である）。すなわち、「仏教にも一応の来世観があるものの、すべての現象を心の働きで説明しようとする〝唯心論〟であって、しかもその心にも本体はないのだから、すべては〝空〟へと行き着くのだ」というのがハビアンの仏教論なのである。そして、これに対してキリシタンには「絶対なる存在」「来世の救い」がある、という方向へと論を展開していく。

さて、妙秀は、幽貞の天台宗解説を堪能した後、「真言宗は密教と言って、なにやら格別の宗派らしいのですが」と問う。真言宗は「密教」である。つまり、師の導きによって体験しなければ理解できない教えなのだ。

妙秀。（……）真言ノ宗旨ハ如何シタル事ソヤ。是ハ蜜（密）宗トテ、又、各別ノヤウニ聞《きく》メリ。

幽貞。如仰《おほせのごとく》、真言ハ蜜宗トテ、ヨ（余）ニカハリタルヤウナ［レ］トモ、是モ天台ニチカ（違）フ事モ侍ス。（「真言宗之事」）

幽貞は、「おっしゃる通り、一見、密教はその他の宗派とは違うように思えることでしょう。でも、これも天台宗と相違するところがあるわけではありませぬ」と答える。「天台は顕教、真言は密教と言っておりますが、それは、手を握れば拳と呼び、開けば掌と呼ぶのと同じことです」と語っている。このような、「仏法は各宗派あれども、つきつめれば同じ」という態度に、多分にハビアンの禅僧的体質を読み取ることができる。とりわけ臨済禅の香りがする。臨済宗の禅は、人に本来そなわる仏性（悟りを開く性質）を、禅を通して自覚するという教えを説く。その自覚へと至るために、坐禅、公案、作務などを修するのである。つまり、究極には「あるがまま」へと至る、と考える傾向が強い。これは道教に大きく影響を受けている理念であり、仏も来世もワシには関係ない、などと言い放つ豪放磊落なところも兼ね備えている。また、仏教にはハビアンが言うように、「すべては無や空だと言ってしまって救いがない」と見えなくもない面がある。

真言では、大日如来こそが本尊であり、この世界そのものであるが、これを「体・相・用《ゆう》」の三つに分けて説明する。

大日の「体」とは六大（地・水・火・風・空・識）である。そのうち四大（地・水・火・風）

は物質であるが、「空」は虚空のことであり、「識」は分別のことである。ハビアンはここで、「識とは、『柳は緑、花は紅』と知り分けることだ」と述べている。これはよく禅僧が「あるがまま」を表現するのに使う言葉である。

また「相」とは、四曼（大曼荼羅・三昧耶《さんまや》曼荼羅・法曼荼羅・羯磨《かつま》曼荼羅）で、「用」とは、三密（身密・口密・意密）である。身に印を結び、口に真言を唱え、心を悟りの境地に住する。つまり、体は本性、相は形相、用は作用のことである。体から相が表出し、相から用が出る。

ここで幽貞は、「大日と言っても、人間や獣や虫や自然と境はない。すべて、あるがままを大日と考えることができる」と述べている。これもまた後に語られる「大日如来とキリシタンの〝神〟とはまったく別物である」という理念を理解させる補助線なのだ。

幽貞は「すべてが〝あるがまま〟と肯定してしまえば、宗教性も倫理もみんな崩れてしまう。こうしてみれば、大日如来は何も尊い存在ではないことがわかる」と述べている。密教では、すべての根本である大日如来でさえ、「そんなもの何が尊いのだ」とハビアンが言い放つのも禅的言説の感性なのかもしれない。

いずれにしても、仏教は人間中心の教義であり、キリシタンとはずいぶん違う、と幽貞は述べる。ハビアン（を窓口としたキリシタン教団）が仏教を批判しているのは、「終始一貫して観念的」「人間中心」ということであるようだ。この節でハビアンは妙秀に、「キリシタンの教えこそ、神もなく仏もなし、地獄も天道もないと思っていた」と語らせている。巧妙なレトリックである。

またこの「真言宗之事」では、「阿字観」について解説しているのだが、ここにも注目したい。ハビアンは、阿字観という瞑想のメカニズムを読み解き、この瞑想の要は息であると考えている。呼吸を整えコントロールすることによって、生命も判断も感情もそこにすべてこめられるのだと述べている。そして、阿弥陀仏も観音菩薩もみんなそこに内包される。

阿弥陀ト云モ息風ナレハ、観音ト阿弥（弥）陀ハ一体異名、即、因果不二ノ儀（義）ト云リ。爰《ここ》［ヲ］以、地蔵、観音、阿弥（弥）陀トテモ、皆タウトキモノニテハナシ。唯、息風ヲ指テ云也。息ヲ仏トモ、心トモ意トモ識トモ、心得タル斗《ばかり》也。（「真言宗之事」）

仏教における瞑想技法によって到達する境地を言葉にすればかくのごとき表現になるであろう。それをハビアンは特に不可思議なこと神秘的なこととは考えず、人間のメカニズムとして冷徹に語るのである。

禅と念仏

かつて鈴木大拙は「禅」と「念仏」こそが日本人の宗教性を花開かせたと考えた。この指摘にどこまで整合性があるかは証明できないが、少なくとも禅仏教と浄土仏教が東アジアにおいて多大な影響をもたらしたことは間違いない。例えば、「禅浄双修（禅仏教と浄土仏教の双方を修する）」は中国仏教におけるメインラインのひとつである。

総合仏教の天台宗と密教の真言宗という二巨頭の解説を聞いた妙秀は、次に禅仏教への論評を求める。

妙秀。八宗ノ事ハ聞マヒラセヌ。是ハ何《いづれ》モ皆同事ニテ侍リ。禅宗ト申ハ、教外別伝トテ、ヨ（余）ニカワリタルヤウニ承ルカ、如何様ナル事ニテ侍フソ。
幽貞。サレハ、禅ハ仰《おほせ》ノヤウニ教外別伝トハ申セトモ、是又、別ノ事ニテ侍ラス。（「禅宗之事」）

妙秀「八宗のことはお聞かせいただいた。どれもつきつめれば同じことなのですね。では、禅宗はどうでしょうか。『教外別伝（言葉や教えではなく心から心へ直接伝わること）』と言って、他の宗派とは違うように聞き及んでおりますが」
幽貞「禅は確かに『教外別伝』と言いますが、他の宗派と変わりません。やはり同じ仏教なのです」

「禅宗之事」は、このような出だしとなっている。禅僧だったハビアンにとって、この項はまさにお家芸のような趣がある。

あらゆる現象には本来性は無く、諸条件によって善にも悪にもなる、「これを無法の法もまた法なりと言う」などと幽貞は語っている。そして、善も悪もすべて意味をもたない、という禅的ニヒリズムに言及し、キリシタンから見れば邪法とするしかないと断じる。次に禅の「師資相承」が解説され、中国における「五家七宗（臨済宗・曹洞宗・雲門宗などの禅仏教各派のこと）」を紹介している。「本来無一物」「祖師西来意・庭前の柏樹子」「即心即仏」など、有名な公案が次々と語られていく（これらについてはいずれも次章参照）。臨済の禅は、公案に参ずることで悟りへと導くところに特徴がある。
とにかく、『妙貞問答』では、「仏教各宗派あれども、つきつめればすべて同じ〝空〟や〝無〟へと行き着く」という仏教観に立脚している。

妙秀。（……）ワラハ、浄土宗ニテ念仏三昧ノ身ニテ侍リ。サレハ、ヨ（余）ノ宗旨ハ、今マテ語玉フヤウニ、悟ノ、観法ノ、ナト申セトモ、コナタニハ唯、一向専修トテ、ヒタスラニ仏名ヲ唱ヘ、西方極楽へ往生セント思フ外ニハ、曾テ別ノ事ナシ。シカレハ、ヨノ宗ニハ地［獄］、極楽モナシトモ、ノタマヘカシ。浄土ノ一宗ニカキ（限）リテハ、サヤウノ事ニテハ侍ラス。（……）

幽貞。（……）浄土ノ祖師ノ語ニ、「往生者、諸宗悟道、得法異名也」トミヘタリ。此諸宗ノ悟道、得法ト云ハ何ソナレハ、真如平等トテ、終ニハ虚空法界ニシテ、神モナク、仏モナク、地獄モナク、極楽モナシト悟ルヲ、悟道、得法トハ申也。（「浄土宗之事 付一向宗」）

妙秀は、ここに至って「私の宗旨は浄土宗であって、念仏三昧の身です。これまで教えていただいた宗派は、悟りだの観法だのと申しましたが、浄土宗は一向専修であって、ひたすら仏の名を称えて西方極楽へと往生する他に何もありません。これまでのお話だと、地獄も極楽も否定されておりましたが、この宗派だけはそうではありません。救い主である阿弥陀如来の『念仏者をすべて救う（念仏衆生、摂取不捨）』という願いがあり、きちんと後生が説かれております」と自らの信仰を語り、幽貞に反論する。登場人物が浄土仏教の信心者であったという設定は、『妙貞問答』の奥行を生み出し、読み手のイメージを膨らませることに成功している。

この妙秀の告白を受けて幽貞は、「ひと口に浄土宗と言っても、いろいろとあります。まず鎮西と西山に大別できて……」と、鎮西の義と西山の義との違いを詳述する。そして、聖聡《しょうそう》（日本浄土宗第八祖、一三六六～一四四〇）の「往生とは、諸宗の悟道・得法の異名なり」という言葉を紹介し、「それでは悟道・得法というのは何かと言えば、真如のことであり、つまり、一切は空であるということへと収斂するのだ」と述べる。

このあたり、浄土仏教者である筆者の眼から見れば、少々論の展開に強引なところが目立つ。浄土宗は、阿弥陀仏の誓いと願いによって念仏を称えれば誰もが往生できる、という他力の仏教である。苦悩する人すべてが救われる道を開き、仏教の基本構造である「戒・定・慧」を解体－再構築した宗派だ。「弱者の宗教は一神教化しやすい」という法則通り、阿弥陀仏ただ一つへの志向性が強く、救済型宗教の特性を兼ね備えた仏教なのである。そのあたりがすっぽり抜け落ちて、「つきつめれば一切は空へと行き着く」というのは、あきらかにこの後に語られるキリシタンの特性を際立たせるための戦略である。浄土仏教の救済宗教的側面を詳述してしまうと、キリシタンの教理と共通するところが表出してしまう。とにかく、「浄土宗之事」に関しては分量も少なく、『仏法之次第略抜書』と重なる部分も多い。ハビアンにとって浄土仏教は、天台宗や禅仏教ほど思い入れがある体系ではなかったのかもしれない。

続いて幽貞は、日本浄土仏教が依拠する経典である「浄土三部経（『無量寿経』『観無量寿経』『阿弥陀経』）」を解説している。このようにハビアンはきちんと各宗派が依拠する経典類に当たっている。なかなか誠実な態度といえよう。やはり学者の素養は充分である。

この項で重要な部分は、幽貞が「浄土宗でも、死ねば無に帰すると説いているのだ、それが下心として隠されている、つまり後生はないのだ」と結論づけているところである。浄土仏教は後生に重心をおいた仏教である。その一般的な印象をハビアンは強引に否定する。

ハビアンは（語っているのは幽貞だが）、「浄土宗」に続いて「浄土真宗」にも少し言及している。要約すると、「親鸞という上人《ママ》は自ら結婚して世間に隠すこともなかった。この教えは今、えらく世の中に広まっている。しかし、これほど上出来な宗旨もない。なにしろ、持戒も破戒もないのだ。こんなお気楽でありがたい教えはない」といった調子で、あからさまに揶揄している。

キリシタンを特徴づける教えのひとつに「倫理」があった。特にセクシュアリティに関する規範はそれまでの日本社会にはそれほど意識されてこなかった部分であった。「キリシタンの教えはいいのだが、一夫一妻などと口うるさいのがかなわん。それさえなければ改宗してもいいのだが」などと当時の大名も言っている。秀吉が「側室を認めるならキリシタンになってやってもよいぞ」という冗談をパードレ（神父）やイルマンに言った話も残っている。この倫理感を盾にキリシタンは仏僧たちを批判したのである。ここでの浄土真宗に対する嘲笑も、その傾向がうかがえる。

実は、浄土仏教はキリスト教のプロテスタントと共通した部分をもつ。その証拠に、来日した修道会の宣教師たちは、浄土真宗を見て、なぜこのようにプロテスタントに似た宗教があるのかと驚愕し、これこそ我らの真の敵であると語っている。『妙貞問答』における浄土真宗の記述は、その当時庶民を中心として日本最大級の規模を誇った仏教教団にしては、あまりに少ない。しかもほとんど『仏法之次第略抜書』を模写している。ハビアンが浄土真宗について深く思索した形跡なし、ということである。なぜハビアンは浄土真宗について語ろうとしなかったのだろうか。そもそも「上巻」の分量配分から考えて、浄土宗の記述もかなり少ない。さらに浄土真宗は、浄土宗に付属したような扱いで数行書いているのみである。おそらくハビアンは、天台宗や禅仏教などに比べてそれほど浄土仏教に精通していなかったため、このような扱いになったのであろう。また、浄土宗の教義はシンプルであるし、浄土宗と浄土真宗の教義的な相違が大きくないことも要因のひとつだったかもしれない。

以上、ハビアンの仏教批判は、おおよそ「釈迦や諸仏は人間である」「仏教の本質は空・無である」「仏教ではすべての存在は自分の心が生み出したものとする」といった三点に集約できる。そして、その批判はやがて「真の救いはキリシタンにしかないのだ」へと導かれるのである。これはイエズス会の戦略、つまり「準備福音宣教（Pre-evangelization）」であった。準備福音宣教の大成者であるヴァリニャーノは、『日本におけるキリスト教の起源と発展および我が主のこの新しき教会に対する特別の恩寵についての第一巻』の中で「第一、日本のいかなる宗派にも救いはあり得ないこと」「第二、救われるためには何を為すべきかという教えを人間に示し給うた世界の創造主、父にして唯一の神のみが存在すること」「第三、我々の霊魂は不滅であること」の三事項により進んで公教要理を聴聞し、キリシタンになることを望むか否かを決意するのが常である、と指摘している。『妙貞問答』もこの手順をきちんと踏襲しているのである。

『妙貞問答』の儒教論・神道論

「上巻」において仏教を語ったハビアンは、次の「中巻」で「儒教」と「神道」について論考している。特に「神道」は、これまでキリシタンが「単なる土俗の信仰」と軽視していたのに対して、きちんとした考察を進めているのは高く評価できる。

キリスト教による神道研究は、ガスパル・ヴィレラの報告や、ヴァリニャーノの文書などによって進められていた（ゲオルク・シュールハンマー『イエズス会宣教師が見た日本の神々』、二〇〇七）。そしてその情報元は元琵琶法師のロレンソ了斎に拠るところが大きかったようだ。しかし、ハビアンのように、系統立てて、必要な情報を取捨選択して神道を語った人物は見当たらない。

三教一致

「上巻」で仏教の邪見なることを知った妙秀は、「唐土では、仏法を異端と呼んで嫌い、天道を仰ぎ尊ぶ儒教があります」と言い、今度は儒教について幽貞に尋ねる。

妙秀。（……）扨《さ》テ、唐土ニハ仏法ナトヲハ異端ト云イ、其教ニ順《したが》フヲハ、唯自害ナトヲスル様ニ思イ、以外《もつてのほか》ニ嫌イ、儒道トテ、天道《てんたう》ヲアフギ貴ブト聞キ侍《はべる》。此天道ト云ヘルハ如何ナル事ニテサフラフヤ。キリシタンノ教ハ此儒道ニモ替リ侍ヤ。

幽貞。仰ノ様ニ仏法ハ善悪不二《ふに》、邪正一女《ママ》ト云イ、棄恩入無為ト立タル物ニテサフラヘハ、道ノ行ハルヘキ様モナシ。寂滅ノ教ト是ヲ云イ、沙汰ノカキリト儒道ニハ嫌イサフラフ。去《され》トモ儒道モキリシタンノ教ニハ及サフラハス。然ハ其天道トハ何ヲ差タル物ソト云ヘハ、太極ヲ差シテノ事ニテサフラウ。(「儒道之事」)

幽貞は「仏教は善悪不二・邪正一如などと言い放つので、人の道を説く儒教は嫌っております」と語り始める。

天道とは「太極」のことを指す、太極がすべての根源であり、これが分化したのが陰陽だ、と幽貞は説明する。そして、幽貞は『朱子文集』を引用しながら、「陰陽すなわち太極、陰陽すなわち天道」ということに儒道はきわまれると述べている。

ここで妙秀は意外にも父から教えられた儒道の理念を述べる(原本には太極図が掲載されていたようだが、現存する写本には欠落している)。妙秀の父は、儒者でもあったのである。妙秀の解説に対して幽貞は、天の星から、一人一人の個人、石ころひとつに至るまで、すべて太極の働きが説かれる、そしてその太極は無辺の真理であり、しかも遠く離れた彼方にあるのではない。人の心の働きはすなわち太極なのだ。つまり天地万物は人の心の働きに他ならないのである。ということは、仏教の「虚空法界」「三界唯心」と軌を一にしているのだ、と「三教一致(儒教・仏教・道教はひとつ)」論を述べる。すっきりとしたわかりやすい理屈である。

ここで幽貞は、「つまり儒教も、詮ずる所、仏教と同じことを説いているのです。そして、道教も同様です。〝三教一致〟という言葉(儒教・仏教・道教の三つが説くところは一致している)

がありますが、それはまったく本当のことなのです」と語っている。

とにかく、この項で重要なポイントは、ハビアンが儒教・道教・仏教の語るところは一致すると考えている点である。かつて空海は『三教指帰《さんごうしいき》』において、儒教・道教・仏教を比較して、仏法の優位性を弁証法的に論じた。しかし、キリシタンを学んだハビアンの眼には、三教の共通基盤が見えていた。逆に言えば、いかにキリシタンの宗教理念が異質であったかということでもある。

ここで幽貞は、造物主なければ塵ひとつ生成するはずはないのに、そんな自然・天然の理屈からこの天地が生ずるはずはなかろう、と主張する。

天地陰陽はひとりでに成立したものではないという幽貞に対して、妙秀は「いや、『中庸』には、鬼神によって（つまり陰陽の気の働き）によって万物は生成されるとあります」と反論する。しかし、幽貞はこれを受けて「『中庸』には、『鬼神は天地の功用にして、造化のあとなり』とあり、張子は『鬼神は二気の良能なり』とあります」と応える。つまり鬼神も天地陰陽から出たもの。では、その天地陰陽の作者は？　それをきちんと教えるのはキリシタンしかない、そのような理路へと導くのである。

次に妙秀は「儒教には魂魄ということを説いていますが、これはどうでしょうか」と幽貞に問いかける。幽貞は、『朱子文集』を引いて魂魄によって人は存在しており、それも陰陽の働きと連関していることについて述べ、「人が死ねば魂は天に帰し、精魄（身体を構成していたもの）は地に帰す」と続ける。この「魂魄」という考え方に対して、ハビアンはそれほど抵抗がないのかもしれない。そんなニュアンスが感じられる。考えてみれば、日本人の生死観はシンクレティズム（習合信仰）によって支えられている。それは、仏教の「輪廻」や儒教の「魂魄」の他にも、「成仏」や「祖霊」などが混交しており、まことに雑多である。

魂魄の説明に続き、朱子学の「事と理と性と気」の話になる。「天地に有っては理と云い、人に有っては心と云い、物に有っては性と云う」と述べ、私心なく、仁義礼楽を治める徳が語られる。そして、このあたりは、キリシタンの教えにも通じるところであると儒教を高く評価している。ここで幽貞は儒教を「ナツウラの教え」と評している。ナツウラとは、キリシタン用語で、自然（ネイチャー）のことである。人も動物も草木もその性は変わらないというところが間違っていると批判する。ここは晩年の『破提宇子』でも俎上に乗せた論点である。

さて、朱子学はキリシタンと並ぶ当時の二大新思潮であった。キリシタン教団はこの傾向に警戒して、マテオ・リッチの『天主実義』を日本へと取り寄せている。そのような思想の動乱期において、諸宗教に先駆けて朱子学に基づいた儒教論が書かれたこの「中巻」は刮目の業績である。井手勝美は、これはハビアンが初めて俎上に乗せた事柄であり日本思想史上において注目すべきことであると指摘している。

神道のカミ

儒教について教導を受けた妙秀は、次に「さてその神代の事はいか様なる義にてそうろうや」と尋ねる。

幽貞。御尋ナクトモ、此方ヨリ語リマイラセント思フ折節、問イ玉ヘハ申ナリ。惣シテ、先、神道ト申事ハ三様ニ定メラレタルト承ル。其一ニハ本迹縁起ノ神道。二ニハ両部習合ノ神道。三ニハ還本宗源ノ神道ト申也。（「神道之事」）

幽貞は「お尋ねなくともお話ししようと思っておりました」と受けた上で、神道を三形態に分ける。ひとつは、「本迹縁起の神道（後の著作である『破提宇子』では本地垂迹説と書いている）」、そして「両部神道」、もうひとつ「還本宗源の神道」である。この分類法は、『唯一神道名法要集』に主張されている。

問ふ。神道トハ幾《いくば》ク分別スル子細有ル哉《や》。
答ふ。一ニハ本迹縁起ノ神道。二ニハ両部習合ノ神道。三ニハ還本宗源ノ神道。

『唯一神道名法要集』は、中世の神道論において大きなポジションを占める書であり、唯一神道（吉田神道）の重要な聖典である。吉田兼倶（一四三五～一五一一）が卜部兼延《うらべのかねのぶ》に仮託して著したものだ。ハビアンの神道知識は、この吉田神道に負うところが大きい。それにしても、きちんと神道の「聖典」を押さえるあたり、宗教研究の態度として誠実である。このハビアンという人物は、自らの信仰を語るときよりも、第三者として諸宗教を語るほうがその能力を発揮しているような気がする。こういう人は現在でもいる。諸宗教を熱心に観察し、深く思索するのであるが、自分自身は宗教体系の外にポジショニングするタイプの宗教研究者などもそうである。どこまでも知で宗教にアクセスする。篤信者から見れば、「あんなことで宗教がわかるわけがない」などと批判されるのであるが、時になかなかの宗教性を発揮したりもする。

さて、ひとつ目の「本迹縁起の神道」とは、本地垂迹の義を立てる神道、すなわち仏教を主体とした神道だ。仏教と神道が習合する際、本地（本体）である仏教の如来や菩薩は日本の神々となって姿を現した（垂迹）と考えたのである。次の「両部神道」とは、真言密教において成立した神道で、幽貞は「弘法大師が吉田家の神道を取り入れて出来上がった」と述べている。

最後の「還本宗源の神道」は、唯一神道とも言い、本地垂迹説を廃して、神道こそが諸宗教の本源であると主張した神道である。そこでは、神代十二代から始まり、『日本書紀』を軸とした神道における神の系譜が語られる。

妙秀は「神道には、国常立尊《くにのとこたちのみこと》を初めとして、きちんと天地開闢のことを説いておりますが」と質問している。幽貞は「そう問われると思っていました。実は国常立尊の天地開闢は間違っております」と応答する。「『日本書紀』にも、開けたる天地から国常立尊が誕生したことが記されております。つまり、国常立尊が天地を生成したのではないのです」と続ける。

妙秀は「いやいや、なんでもそう軽々しく説いてしまってはなりません。なにしろ神道は不可思議のことわりがあります。中でも〝還本宗源の神道〟は、吉田家の嫡流相伝であって、外には知らさぬそうではありませんか」と反論。この妙秀という人も、かなり幅広い知識をもった人である。

幽貞は、そのように神秘的に語り、かつ「何事も信心から」と説いて、尊くありがたいもののように見せかけるだけなのだ、と一刀両断に切り捨てる。神道はもっともらしく語っているが、たいした奥行きもないのだ、と言う。ハビアンの宗教観を垣間見ることができる部分だ。そして、国常立尊、国狭槌尊《くにのさつちのみこと》、豊斟渟神《とよくむぬのみこと》……と、次々に神の名を挙げてその語義と性格を分析する。分析の結果、神道の説くところは、夫婦が性行為をして、子供を生み為すことになぞらえて神を語っているだけなのだ、これが神道の秘密であると結論づけるのである。そして、このような宗教は日本だけに限らず、スリランカ（錫狼《セイロン》）やアフリカ（亜非利加）などでも、似たような事情だと言う。

このような論理の展開は、典型的なキリスト教的言説である。例えば、ヴァリニャーノは「カミは日本の古いゴッドである。（……）これらのカミについて、日本人は、異教の神々の物語がいつもそうであったように、ありえなく、けがらわしく、滑稽な物語をしている」と記しているドなどを指しているのだろう。けがらわしく滑稽な物語とは、セクシュアリティに関するエピソード（シュールハンマー、前掲書）。そしてそれらは「異教の神々の物語がいつもそうであったように」と表現されるのである。ハビアンの感性も、このような価値観をそのまま踏襲している。

ハビアンはキリシタンがもたらした知識によって、世界の宗教を語り、その宗教の正体を見極めたような気分に浸ったことだろう。おそらく宗教的踊躍《ゆやく》感とは別の喜びがあったに違いない。宗教研究者も似た経験をすることがあるのでとてもよくわかる。宗教というヌエのような存在を把握できた（と感じた）ときは、ある種の宗教体験のような状態になるのである。

さて、幽貞は「神道の治世や神の年齢など、何の根拠もなく数万年などと称しているし、弘法大師がひらがなを、吉備真備《きびのまきび》がカタカナを作ったなどと言われているが、他国から伝来した漢字からかたどったものである。日本人の文化や風俗も外来のものが多い。こうしてひとつひとつ読み解き分別していけば、日本神話もかなりお粗末な作り事であることがわかってくる」と語り続ける。ハビアンとしては、キリシタンを通じて手に入れた科学的知見によって大衆が信仰しているものの正体を快刀乱麻のように暴く、という感覚だったに違いない。そしてそれは、当時、多くのパードレやイルマンも同じ気分であったろう。

幽貞は、宗教を天照大神やスサノオの神話、天の岩戸の話も、自然現象を語るものであるとして、日食や月食、冬至や夏至の話をする。さらには、「馬は馬を産み、牛は牛、人は人を産む。天照が子を産んだら、太陽でなければならない。でも、太陽はひとつだ。つまり天照は太陽のことを言っているだけである」と、天照大神の正体は素朴な太陽信仰にほかならないと結論づける。

妙秀は、「よくわかりました。我慢偏執の心さえなくば誰でも理解できることですね」と言う。なかなか科学的な態度である。この妙秀は、宗教への造詣が深い人でありながら、あっさりと納得するたいした人なのである。

そして幽貞は、「吉田家が神をコントロールしているのであれば、神は吉田家よりも下に位置するではないか。いずれにしても、天地創造の神ではないということである」と述べる。

このあたり、日本の「神」の特性をよく押さえて語っていることがわかる。日本の「神」は、もちろんキリシタンの神（デウス）とはまったく別物である（近代になって、Godに「神」という訳を使うようになったのは、キリスト教にとって大きな躓きだったかもしれない）。本居宣長が言うように「尋常ではないほどすごいもの」が神ならば、尋常ではないほどの能力があったり、功績があったり、とにかく普通ではないものを神として祀ることとなる。神話の神々、土着の神、外来の神、人間、道具、自然現象、なんだって祀るのだ。さらに、日本の「神」は、一神教の神のように人間と断絶した存在ではない。政府が神にいろんな称号を与えたり、位階を授与したりもする。だから稲荷は従一位の位をもらっている。吉田家が神をコントロールしている、というのは少し言い過ぎだが、吉田家の意向を神が受けることだってある。これは、キリスト教の神とはまったく違う神概念である。少なくとも、ハビアンが言うように、「天地創造の神」ではない。

さらに幽貞は、

幽貞。（……）然ニ、天照太（大）神ハ生アル体トハ申也。去ハ上ニ沙汰セシ如ク、天照太（大）神ハ弟ノ素戔嗚尊トヨリアイテ、子ノ六七人モ持タレシ其子ハ、何ニテサブライシソ。（「神道之事」）

日本神話の神々がずいぶん人間的なのについて語り、これではとてもキリシタンの神と肩を並べることはできないといった論調となる。天照には弟のスサノオもいて、子供も儲けている。そんなものは「絶対」ではないのだ。つまり、ハビアンは「絶対」という理念をきちんと把握していたのである。この「絶対」こそかつて日本の宗教体系になかったものなのである。

絶対とは「何にも依存せず、それだけで独立し、決して変わることのない存在」なのである。仏教ではこれを「常一主宰」と呼ぶ。「常」とは不変であること、「一」とは何者にも依存関係なく存在すること、「主宰」とは実体があることをさす。そして、仏教は「常一主宰なるものは存在しない」という立場に立脚するところに特徴がある。

とにかく、キリシタンの宗教観では、日輪は日輪であって、神ではない。神道はプリミティブな自然崇拝だと批判するのである。

それにしても、日本の神道が儒教から影響を受けていることの指摘はなかなかたいしたものである。ひょっとすると日本神話に初めて合理思考のメスが入った瞬間ではないのか。

そしてハビアンは、「下巻」全部を使ってキリシタン宗の正しいことを論証する。

『妙貞問答』が語るキリシタン宗

「下巻」は「貴理志端之教ノ大綱之事」という見出しが付き、「現世安穏、後生善所の真の主、一体まします事」「後世に生き残るものをアニマラショナルという事」「後生の善所は、ハライソといって天にあり、悪所は、インヘルノといって地中にある事」「後生をば何とすれば扶《たす》かり、何とすれば扶からぬという事」「キリシタンの教えにつき、いろいろの不審の事」と各項目が並んでいる。

さて、幽貞はいよいよ「真の宗教」であるキリシタンの話に入る。小見出しにあるように、「貴理志端の大綱」から述べられる。「1．現世と後世の真の救い主とは誰か。2．救われる者とは誰か。3．救われる者と救われない者。4．救いの道とは。このあたりが肝要です。どうぞなんでもお尋ねください」と妙秀に告げる。

妙秀は「今まで頼みにしていた浄土宗も、救い主と救われる者の話をしないばかりか、すべてはただ一心におさめられるなどと言い、死していったい誰がどこへ行くのかも言わない。西方十万億土の浄土と言いながら、極楽はすぐ身近にあるなどとも言う。まったく話に秩序がありません」と一刻も早くキリシタンの話を聞こうとする。このようなストーリーの展開は、仏教の話に整合性や合理性がないというキリシタン側の主張を窺うことができる。なにしろ、仏教は一神教に比べて、なかなかすっきりとした説明をしない、できない。いや、仏教はすっきりとした説明ができないところに特性がある宗教なのである。

ということで、以下はこの四点（現世と後世の真の救い主とは誰か。救われる者とは誰か。救われる者と救われない者。救いの道とは）を中心に幽貞の語りが続く。

「絶対にして唯一」なる神

幽貞。（……）去ハ、空ハ直ニ無ニシテ、ナキ物ナレハ、仏ト云ヘハトテタフトカラス。主トモ何モ、云ニ足ヌ事ニテ侍ソ。又陰陽ト云フハ、我宗ニハ是ヲマテソ（リ）ヤヒリマト云イテ、真ノ主ニテ在マス我宗ノDs（デウス）ヨリ、万ノ物ノ下地ニ作リ置キ玉ヘル物ニシテ、其性、無心無智ノ物ナリ。（「現世安穏、後生善所の真の主、一体まします事」）

幽貞は、「仏教は空に帰す。神道の奥底は陰陽であり、神とは陰陽のことだ。またこの陰陽は、キリシタンでは〝マテリヤヒリマ（第一質料）〟と言う」として、それらは神ではないことを述べる。とにかくここがキモである。「キミたちは今まで〝神〟を知らなかったのだ」と相手の概念を揺さぶる戦略は、キリシタン教団がもっとも力を入れて取り組んだ点なのだ。

ここでは、デウスが一切の造物主であることが述べられる。「天地が自然に出来上がったことなどあり得ず、必ず造り主がいる。この行灯や家屋だって、作り手がなければ存在しない。まして、月星の運行、昼夜、四季のうつろい、いにしえより今に至るまで規則通りである。これが勝手に出来上がったものであるはずがない。私たち人間だって、神によって創造されたのです。私たちの人生だって、私の思い通りにはならないのです。仏教などは誰のワザでもないなどとひどい世迷い事を言い、神道はなまじ〝神〟を立てるがゆえに魚の目を取って宝石と主張するよりも間違っている」と、一気に幽貞はたたみかけている。信仰者特有の迫力が伝わってくる。

さらに幽貞は、『般若経』を読もうが、護摩を焚こうが、なんの奇跡も起こりません、仏も菩薩も、真言が語る六大（仏教では、世界が生成される要素を地大・水大・火大・風大・空大の五大で語るが、真言密教ではこれに精神的原理の識大を加えて六大とする）も、神の創造より生じるのです、と世界のクリエーターたる〝神〟の絶対性を強調する。「そしてその神は唯一です。だって、人間をごらんなさい。どこの国の人だって、みんな眼は横に、鼻は縦についているでしょう。作り主が一人の証拠です」などと陳腐な論証もつけ加えている。

ここで妙秀は、常にキリシタンが指摘されてきた疑問を提示する。

「では、その神はなぜ始まったのですか？」

この質問は宣教師たちが日本人に何度も問われたことである。

幽貞「いや、デウスはすべての始まりだから、デウスに先立つものはないのです。デウスは永遠の存在なので、始めも終わりもないのです。ほら、この国だって、民百姓からずっと上をたどっていったら、天子に行きつき、そこでおしまいでしょう」

妙秀「では、そのデウスさまとはどのような存在なのでしょうか？」
幽貞「スピリツアル・ススタンシヤ（霊的実体）と申して、色も形もありません」
妙秀「では、見えないし、触れないのですね」
幽貞「見えないし、触れないと言っても、存在しないとは言えません。なにしろ無量・無辺、永遠の存在ですから。それはサピエンチイシモ（最高智）であり、ミゼリカラルヂイシモ（最高愛）であり、限りなき慈悲の根源シユスチイシモ（最高義）なのです。オムニホテンテ（全能）なのです」

この教えに妙秀は「身を砕き、骨を粉にしても、報いねばならない御恩ですね」と告白している。

この説明で妙秀が納得するのも少々ご都合主義であるが、とにかく二人のやりとりでキリシタンのベースがわかる。強調されるのは、「すべてに先立つ神」である。なんといっても、これほど強烈な唯一性をもった概念は、日本のメジャーな宗教土壌にはなかったのである（絶対神を軸とした小規模な宗教コミュニティはあったかもしれないが）。例えば、浄土真宗は都市部・農村部を問わず大規模に展開した宗教であるが、日本宗教史上において「特異な存在」とさえ言われるほど一神教的性質をもっている。浄土真宗は一神教的性質をもつがゆえに、「門徒もの知らず」と揶揄されるような独特の生活様式を生み出してきた（例えば、脱呪術化や無墓制や特有の職業倫理など）。その浄土真宗でさえ、帰依する阿弥陀仏は縁起的存在である。つまり、「なにものにも依存せずそれだけで存在する＝絶対なる神」、ではないのだ（阿弥陀仏信仰のこうした点についで、ハビアンは深く考察していない）。

ハビアンのように「禅」を学んだものであれば、浄土仏教に比べると「すべては関係性の中で存在する」という理念を身心に叩き込んできたことだろう。そこへ、キリシタンの「神」が現れたのである。ハビアンはそれまでの自分というものを再構築させる事態に追い込まれたはずだ。この項では、ハビアンの消化不良気味な説明が目につくが、大変説明しづらい部分であるからであろう。このあたりは、大きな回心体験（conversion：新しく生まれ変わるような大きな転換が起こる宗教体験のこと）なしではぴったりとこない、客観的事実とは位相が異なる宗教的真実の領域である。

ところでこの妙秀の語る「身を砕き、骨を粉にしても、報いねばならない御恩ですね」という感性は、日本宗教文化の典型のひとつ、「原恩」的である。社会学者の見田宗介は日本の精神構造の基底には、「原罪」ならぬ「原恩」があると表現した。その著『現代日本の精神構造』によれば、「ヘブライ的な神をもし神とよぶなら、日本人は神というカテゴリーを本来は必要としない。（……）このような世界における道徳意識の根底にあって、〈原罪〉の意識に代るべき地位を占めるのは、いわば〈原恩〉の意識であろう」として、この「原恩」意識は日本人の宗教意識における原泉のひとつだと分析している。

また、宗教学者のR．N．ベラー（Robert N. Bellah 1927–）は、日本宗教文化の場合「超越的存在の実感は恩の理論を生み出す」と指摘している。

衝撃の生命観・世界観

さて、『妙貞問答』の「下巻」第三節以降は重要である。キリシタン思想の特性が実によく表現されている部分であり、また、後にハビアンが『破提宇子』において、論破しようと取り組んだのは主としてこの第三節以降だ。つまり、ハビアン自身、この時点では心からこの教説に帰依していたのであり、だからこそ棄教後に著作してまで決着をつけねばならない部分だったということだろう。

妙秀。其事ニテサフラフ。ハラハナドガ思フヤウハ別チニハ侍ラス。唯、念仏ヲ申ハ後生ヲ扶カルトノミミテ《ママ》、何モノガイ（生）キ残リ、何タルスガタ（姿）ニテ有リナント云義ヲモ知スサフラフ。但、知識達ノ教ヲ受候ヘハ、後生ニ地獄ノ、極楽ノナト云フコトヲ立ルハカリニ、シバラク方便ノ為ニテコソアレ、何者ガ生残テ苦楽ヲハ受《うく》ヘキソ。人ノ身ハ、地水火風空ノ五大ニテ、イケルカキリハ此五ツノ物和合シ、死ノ後、焼ハ灰ト成、埋メハ土ト成テ、水ハ水ニ帰リ、火ハ火ニ帰テ分散シサフラヘハ、何者カ生残テ苦楽ヲ受《うくる》吾ト云フモノ、アランヤト云ハレサフラウ時ハ、後世ニ生残ル者ハ有マシキトコソ思イサフラヘ。

幽貞。仏法ノ極メ、何レモ其分ニテサフラフ。是レ甚シキ迷イニテ侍。其ハ畜類、鳥類ナトノ上ニコソ当ルコトニテ候ヘ。人間ニハ後ノ世マテ生《いく》ル命カサフラフソ。

妙秀。人畜ヲ隔《へだて》玉フコソ尚心得難クサフラヘ。仏法ニハ五十二類モ我同性ト見テ、蠢動含霊ニ至ルマテモ、今日ノハラハニ隔ナシ、人畜各別ニ宣フハ何トシタル事ニテサフラフソ。(「後世に生き残るものをアニマラシヨナルという事」)

幽貞は妙秀に問う。「あなた、これまで善知識(教え導く人のこと。仏教の師)にどう教えてもらってきたの?」。妙秀は、「ただ念仏申せば救われるとのみ言うだけで、いったい何が生き残り、どのような存在であるのか、教えてももらえずにおりました。肉体は五大に分離する、とは説くのですが」と応答する。

幽貞は、「仏法はつきつめればそうなるのです。それは間違いです。動物には当てはまるのですが、人間はそうではありません」と言う。妙秀は驚きをもって反論する。「人と動物を分け隔てするとは、理解し難いことです。仏法では、すべての生命は等しいと説きます」と、アジアの広い範囲で見られる生命観を語る。

幽貞は、「キリシタンの教えでは、存在を四つに分類します。1は、セル(存在)。これは天地、日月星、金属、石など、形だけがあり、生成する性がありません。2は、アニマベゼタチイハ(精魂)。生成するだけの非情の存在。草木です。3は、アニマセンシチハ(覚魂)。知覚をもつ存在です。知覚と言っても、理を知ることはできません。飢えては食べ、渇いては飲み、寒熱、痛痒を知っている。禽獣、虫、魚の類です」と、衝撃の一撃を加える。おそらくハビアンもこれを最初に教えられた時は、とても新しい生命観だと感じたはずである。キリシタンの教えに出会った頃のハビアンと、妙秀の驚きとが重なって見えるようだ。

妙秀「待ってください。仏教では、万物は平等であると説きます。なぜ四つに分け、しかも人間のみが後生ありと言えるのでしょうか?」

幽貞「では、なぜ万物は平等と言えるのです?」

妙秀「あらゆるモノは、事と理で説明できます。例えば『柳は緑、花は紅』(これは日本の精神性を表す言葉として、しばしばキリシタン文書にも引用される)というのが事です。形相です。しかし、これを分解すれば、緑も紅もなくなります。もともとの本性を理と申します。水は理、雪や氷は事相です。事は異なっても、理はひとつです。こうして突き詰めれば、すべてひとつの理に帰するのです」

幽貞「いいえ。月は月、日は日、星は星で、いつまでたっても変わることはありません。金で鳥を作ったり、魚を作ったりしても、飛びもしないし、泳ぎもしません。どうしてひとつの理に帰することができましょう。事理ともに各々別なのです」

さらに幽貞は「人間だけに後生があるというのも、そういうことです。万物は別々なのです」「母の胎内に父の種子が入り、身体の下地が調ったら、デウスがそこにアニマラシヨナル(理知をもつ存在。人間の魂のこと)を造り、身体の主人と定められます。これは後生となっても亡びず残ります」と続けている。

ここで幽貞は、輪廻思想への批判を行うのである。日本宗教の土壌を支えていた生命観や世界観の一面が揺さぶられる場面だ。

「前世の業で生まれ変わったのであれば、いくらなんでも少しは前世のことを知っているでしょう。来世に鳥や獣になったのであれば、鳥や獣の中に是非を論じ分別があるものがいるに違いありません。でもそんなことはあり得ません。デウスは、現世の善悪によって、永遠の楽しみに生

きる者と、永遠の苦しみに生きる者とを分け、二度と流転することはありません」（傍点筆者）

そのように幽貞は語るのである。

この場面は重要だ。キリシタン思想最大の特性のひとつであり、日本における従来の生命観に再構築を迫るシーンである（後の『破提宇子』においても論点となっている）。

例えば、サビエルは、一五五二年一月二十七日付けの書簡で「何よりも世界創造のドチリナから始めなければならない。（中略）唯一の創造主が万象を作られたという如き、日本人の全く知らない観念である。それから〔始めて〕アニマ（霊魂）の扶かりなど他のドチリナに移って行く」と述べている。さらに、「まず天地万象の御作者一体ましますこと、世界には始めがあり、〔彼らが信ずるように〕永遠でないこと、太陽や月は神ではないのみならず、生命ある被造物でもないことを証明する」とも書き残している。いかにこの点がキリシタン伝道において肝要だったかがわかる。そして、このようなイエズス会の戦略が『妙貞問答』へと結実するのである。

キリシタンの来世観

すべての宗教は、この世界の外部を提示することによって、世俗を相対化する。創造神、来世、前世、彼岸、霊界などはその典型である。世俗社会とは異なる価値体系をもっているからこそ、宗教で救われるのであり、宗教が生と死に最終的な意味づけをするのである。その意味では、どのような来世のナラティブ（語られる物語）をもっているかはその宗教の生命線でもある。

幽貞は、ここでキリシタンの来世を語り、デウスによる救済を提示するのである。

幽貞。(……)去ハ、今マテ申ツル理リ、天地ノ主、Ds一体在《まし》マス事ト、アニマラシヨナルトテ、人ニハ後生ニ生残ル性命アリト云事ナトハ、理ヲ以テ決セスシテ叶ハス。(「後生の善所は、ハライソといって天にあり、悪所は、インヘルノといって地中にある事」)

幽貞が「デウスの唯一性」と「来世の善所であるハライソと悪所であるインヘルノ」について述べる。妙秀は、その善所・悪所についてさらに詳しく語ってくれと要求する。これを受けて幽貞は、「デウスは、天地を創造されたとき、十一天も造られました。十一天目をハライソと名づけられました。そこにはデウスの近臣アンジヨ(天使)が数多く居ります。仏教の〝天人五衰[※4]〟というようなことはありません。アンジヨは、人間のアニマのように、色形を離れたスピリツです」と、天使や霊性を語る。

妙秀は「それではハライソも天上にあるのですか。仏教にも天界があります。仏教では、天界も永遠ではありません」と質問をする。妙秀が言うとおり、仏教の天界はキリシタンのハライソとは別物である。仏教では天界も輪廻世界のひとつであって、永遠の世界ではない。天の存在もやがては死を迎えなければならないのである(だから仏教では輪廻世界から脱出=解脱・涅槃を志向する)。

幽貞は「キリシタンを仏教と引き合わせて判断してはなりません」と釘を刺す。確かに来世のストーリーを単純に比較してもあまりその宗教を理解する助けにはならない。

次に幽貞は、インヘルノ(地獄)について語る。アンジヨの中にルシヘルという者がいて、デウスに背いたために ハライソを追い出された。そして、地中に獄所を造った、という堕天使の物語である。しかし……。

妙秀。来世ノ善所、悪所ノ謂レヲ、モハヤ聞得《ききえ》侍リヌ。然ハ、此上ニテ又一ツノ不審カサフラフ。其ト申ハ、是程マテ、Dsノ御事ハ勝《すぐ》レテ難有渡ラセ玉フニ、何トテ皆、Dsヲ見知《みしり》敬イ奉ラヌハヤ《ぞ》。其上、扶カラヌ者ト云事ハ、有間敷コトニテ侍ニ、カヤウニハ何トシテ成下《なりさが》リタル事ニテサフラフヤ。(「後生をば何とすれば扶かり、何とすれば扶からぬという事」)

妙秀は、ここでまた当時盛んにキリシタンに対して提出された疑問をぶつける。「それほど全知全能の神ならば、なぜデウスのことを知らない人がいたり、救われない者がいたりするのか」と。

幽貞は、阿檀(アダム)と恵和(エヴァ)がハライソテレアル(エデンの園)という世界第一の歓喜の地に居て不老不死であったのに、天魔にたぶらかされてひとつの禁を犯して、追い出されてしまったことを述べる。キリスト教特有の「原罪」だ。そして、その子孫は天命に背いた者として、広範囲に増殖した。いつしかデウスのことがわからない者まで出るようになった。そんなわけで、後生がたすからない者もいるのだ、と説明している。

となるとおかしいぞ、と妙秀は再反論する。

「人間は天罰を受けた存在であるならば、もはや救われるということはないはずです。なぜキリシタンは救われるのでしょう?」

いい質問である。きちんと教義問答になっているではないか。きっと実際にハビアンもこういう質問を何度も受けていたのだろう。やはり『妙貞問答』はカテキズモ（ディベート・マニュアル）的性格をもっている。おそらくハビアンは長年『カテキズモ』をしっかりと学ぶことによってディベート能力を高めたはずである。この質問は、次の「イエスの贖罪」へと展開するためには絶妙のタイミングだ。

幽貞は、ダビツ（ダビデ）という帝王の後胤にマリヤという大善女人が一生不犯のままにデウスの力によって神の子が宿りたもうた、とイエスのことを語る。人類の罪を受けて死刑になり、三日目に復活。四十日間は弟子たちと共に居て、御昇天なされた。これによって、ついに人間も救われる道が開けたのだ。「この御主の御名をば、ゼズキリシトと申し奉りし也」と幽貞はキリスト教の中軸部分を提示するのである。

そして幽貞の話は、カトリックがもつ宗教的権威についても及ぶ。「イエスの弟子の中からサンヘイトロ（サン・ピエトロ）が選ばれて教皇となり、現在においてもその法脈は代々続いている。その名をバッパ（パパ）と言って、キリシタンの本国イタリアのローマのお寺におり、当代のバッパはケレソ《ママ》ンテ（クレメンス）と申す」、このようにキリシタン信仰の正統性と伝統を示す。

さて、続いて、救いの道として、「バウチズモ（洗礼）」、「十のマタソ《ママ》ント（マダメント。十戒）」、デウスへの信仰、が幽貞から語られる。妙秀が十戒について尋ねると、幽貞は「1．デウス唯一を信仰する。2．デウスの御名において誓いを守ること。3．トミンゴ（ドミンゴ。安息日。日曜日）を守り、この日はキリシタンの寺に参り、談義（説教）を聴聞する。4．父母に孝行すること。5．殺人の禁止。6．夫婦以外の性行為を禁止。7．盗みの禁止。8．ウソの禁止。9．人妻を恋慕することを禁止。10．人の財産を欲しがることを禁止」と説明する。特に淫欲に関しては、心に思うことさえ戒められると述べる。このあたり従来の日本宗教文化とは、異質の戒律が展開されることとなる。

キリシタンへの疑念に対して

最後に妙秀は、キリシタンに対しての疑念をいくつか問い質す。いわば、「よくある質問コーナー」といった体裁だ。例えば、妙秀は「誓詞や起請（両方とも神に誓う約束事を書いたもの）はないそうだが、それでは世間が治まらないではないか」と尋ねる。キリシタンは神仏にかけて誓うということをしないので、そのことを問うたのである。これに対して幽貞は、キリシタンこそが真の誓いを持っているのだという説明をする。

また妙秀は、「日本は仏神擁護の国であるのに、キリシタンが広まれば国は乱れるのではないか」と尋ねる。幽貞は、唐土は仏法伝来以前にも理想の治世があり、仏法伝来後にも国が何度も乱れていることを挙げる。また、日本においても、仏法・神道がありながら、これまでも何度も乱が起こっていることを挙げる。そして、むしろキリシタンが広まれば、国は治まるであろうと語る。

幽貞。（……）日本ハ仏法、神道ノ力ニテ国家モ治マリ、王法ト申モ、仏法、神道ナクテハ有ヘキヤウナシト申ハ、ヲカシキ事ニテサフラフ。其故ハ先、神道ト申ハ、前ニモ委《くはし》ク申ツル様ニ、近クハ人々ノ身ニトリ、夫婦和合ノ道ニ有事《あること》。遠クハ天地陰陽ノ二気ヲ差シテ云イタル物ニテサフラフ。陰陽ハ無心、無智ノ物ニシテ、我宗ニ申、Dsノ御作ノ物ナレハ、人ニ賞罰ヲ与ヘル物ニハ非ス。然ニ、是ヲイノリタレハトテ何ノ霊験カ侍ラン。神ノ力ニテ国家モ泰平ナリトアルハ、是、ハケ（訳）モナキ事ニテサフラフ。サテ又、仏法ノ威徳ニテ泰〔平〕ヲ致スト申モ、更ニ其謂レ有ヘキ事ニ非ス。其故ハ、仏法ハ畢竟、空無ヲ以テ立タル法ニテサフラヘハ、善悪不二、邪正一如ト見、我心自空、罪福無主ト立タル所ニ、何ソ泰平ノモトイ（基）ト申事ノ侍ラン。（「キリシタンの教えにつき、いろいろの不審の事」）

幽貞は「決して仏教や神道で国が治まっていたのではない。そもそも神道は単に夫婦和合の道であり、その本源は陰陽にある。陰陽も仏教もつきつめれば無なのだから、そこには善も悪もない。こんなもので国が治まっていると考えるのは幻想だ」といった論を展開している。

さて、次の妙秀の質問は重要である。「キリシタンを広めるのは、日本を謀って奪おうとする謀略ではないか」と妙秀は疑問を突きつける。「あのハアテレ（パードレ）はたくらみがあるのではないか」と言う（このことは『破提宇子』でも再び取り上げられる）。このことはキリシタンにいつもつきまとっていた疑問であろう。諸外国がキリスト教によって侵略されたという噂も日本に届いていたようだ。

この露骨な質問に（といってもハビアンの自問だが）幽貞は、あまりの質問にてわざわざ説明する気にもならず、と返答する。キリシタンの国は、はるかはるか遠く、とても軍勢や糧を運んで戦うことなどできません。それに日本は他国に侵略されるほど弱い国でもありません。むしろ、日本人はキリシタンの信仰をきちんともって、すばらしい国になるでしょうと自説を開陳している。

そして幽貞は、今からでも遅くはありません、キリシタンの信仰を、と勧め、「1．ナツウラ（自然の倫理）の教え　2．エスキリツタ（エスクリプタ。聖書）の教え　3．ガラサ（神の恩寵）の教え」を説く。「1は、生まれながらにデウスが人に与えた知恵。これにきちんと従うことができればよいのだが、そうはいかない。つい我欲に迷うので、残りの二つの教えがある。2は、十戒が中心。3は、前二つの教えをデウスが授けてくださること」と順序立てて丁寧に説明する。

ハビアンだからこそ書けた『妙貞問答』

『妙貞問答』は、キリシタン史上、唯一にして最大の日本人の手になる護教論書である。当時、イエズス会と教線争いをしていたフランシスコ会のパードレさえも『妙貞問答』を読んでいた記録が残っている。それほど重要視された書物であり、また簡明かつ的確だという評価があったようである。確かにこうして改めて読んでみると、初学の者にとって格好のテキストである。「上巻」の仏教解説にしてもよくこれだけの情報を読みやすく整理できたものだと感心する。「中巻」の儒教・道教・神道も、（ハビアンから見た）エッセンスをうまく提示できている。「上・中巻」との対比があるからこそ、「下巻」のキリシタン解説がくっきりと浮かび上がる。ハビアンは全般的な概説を展開しながらも、「存在論」や「救済論」に論点を絞って比較している。広範囲の領域を語っている割には論旨がすっきりしているので、共感を呼ぶ力も強い。ハビアンは大人数の聴衆を前にした説教にも秀でていたと言うが、そのプレゼンテーション能力も並々ならぬものがある。

この『妙貞問答』は、やはりハビアンでなければ書けない書であると思う。『ドチリイナ・キリシタン』や『日本のカテキズモ』、さらに『仏法之次第略抜書』などを下敷きとしており、単にキリシタンがこれまで取り組んできたことをまとめただけと評することも可能だろう。しかし、「持続的に諸宗教を研究」し、「伝道の現場に長く携わった」経験を併せもち、さらに読み物として充分に成立する手腕をもつ人物でなければ到底書けるような代物ではない。そして、元禅僧のイルマン、不干斎ハビアンこそ、そのような人だったのである。

※1 三界とは、仏教における世界観のひとつで欲界・色界・無色界に分けられる。「欲界」は欲望をもった存在が生きる世界、「色界」とは欲望は滅したものの形体は存している世界、「無色界」は欲望も形体も滅した世界である。「女は三界に家なし」などという言い方もある。「有（存在）」はこの三界を輪廻するのである。三界の頂点を有頂天と言う。

※2 実は、輪廻で語られる転生は「個」ではなく「類」である。
ついでに言うと、仏教の死生観は、①構成要素（例えば、細胞など）レベルでは、身体は生涯を通して変化し続ける。もちろん、心・精神は絶えず変化する。②さらにこれを拡大すると、宇宙全体も変化し続けている。③有機体の生死も大きな変化の線上にあって、生死は繰り返される。

それが無常。実体が生まれ変わるのではない。

仏教では、我々の身心はいくつかの要素が集合して成立していると考える。そして「死」という現象を経過することにより、その要素はばらばらになって「個」は解体される。諸要素はまた別の集合体を形成するわけである。

※3　密教はヒンドゥー教の神々と仏教とが融合している。大日如来などは宇宙の根源神といった性格をもつ。

※4　天人五衰とは、「天の世界」の存在者に、死の直前に現れる兆候のこと。「衣服垢穢《えふくくえ》＝衣服が汚れる」「頭上華萎《ずじょうけい》＝頭の華飾りがしぼむ」「身体臭穢《しんたいしゅうえ》＝体が汚れて臭くなる」「脇下汗流《えきけかんる》＝脇の下から汗が流れる」「不楽本座《ふらくほんざ》＝自分の席が楽しめなくなる」の五つ。ちなみに三島由紀夫は『天人五衰』という小説を書いている。

第三章　ハビアンの比較宗教論

キリシタンという宗教

「キリシタンという宗教」（あえて、このように呼称するならば）は、まことに興味深い体系である。それは日本歴史上のある一時期にだけ、花開いた特徴的な宗教なのだ。そして、その「キリシタン」が成立するプロセスにおいて、ハビアンは欠くことができない存在であったことは間違いない。またハビアン自身にも、確たる信仰を築き、人を導いている、といった自負があったであろう。

ハビアンが歴史の表舞台に登場した戦国時代末期は、根底から価値観や意味づけが転換する段階に入った時期であった。戦国から徳川幕府による封建制度確立の時代にかけて、新しい生きる指針や精神的規範が模索された。信長による比叡山焼き討ちや真宗教団との石山合戦。秀吉が土地政策を一新したために、寺院や神社の経済基盤が崩れる。伝統宗教教団の権威も失墜し、人々は現実をどう生きるかに汲々とする。それまでのエートス（ある社会や民族の行動パターンや習慣のこと）が崩れ、人々は新しい行動様式へとシフトし始めた時代だったと言える。政治の権力構造が不安定となり、従来の宗教は相対化され、社会・文化の公的ポジションを一気に喪失していく（世俗化：secularization）。やがて幕府による宗教政策が確立するまでの約半世紀、日本宗教文化は大きくシャッフルされることとなった。

そんな中、力強い求心力をもったキリシタンという宗教が日本を席巻した。キリシタンの端緒を切り開いたサビエルはイエズス会創設メンバーのひとりである。イエズス会は、十六世紀におけるプロテスタントの台頭に刺激されたカトリックの新しいムーブメントから発生した。

キリシタンはローマン・カトリックの流れに位置するキリスト教であり、新しい宗教理念の提示のみならず、日本にさまざまな科学的知見をもたらした。宣教師たちは、日本にはどのような伝道手法が最適であるかを模索した。その結果、キリスト教を日本風にアレンジする戦略がとられ、「キリシタンという日本オリジナルの宗教が華開いた」と表現することも可能なほど独特の信仰形態を創り上げていく。

キリシタンと言えば、有名な高山右近や天正少年使節がよく知られているが、それ以外にも興味深い人物が数多く輩出した。

サビエルに日本行きを決意させるほどの知性をもっていたヤジロウ。

元琵琶法師、天才的に説教がうまくて人々を魅了したというロレンソ了斎。

元仏僧で文学者だった養方軒パウロ。

日本人最初のヨーロッパ留学生でありながら、帰国後には捕縛・拷問されて棄教、日本のキリシタンの現状に苦悩し、宣教師に向かって「これ以上、あなたたちの理想と夢を押しつけないでくれ」とラテン語で叫んだトマス荒木。

ローマに留学、日本人初のエルサレム行きを果たし、帰国後穴吊りの刑でも棄教せず斬首されたペトロ岐部（二〇〇七年に列福）。

この他にも有名・無名を併せ、多くの注目すべき人物を生み出している。キリシタン信仰は、日本宗教史において今日も異彩を放ち続けている。
ここでは、「キリシタンという宗教」の特性を概観してみよう。

二つに分かれる日本人の評価

サビエルが来日したのは室町時代の末期（一五四九年）であった。サビエルは日本人・日本文化が優秀であることを認識して、「尊重・教育・育成」による穏健な布教方針を確立した。その後、日本キリシタン教団をリードしていく巡察師ヴァリニャーノもこの方針を踏襲した。

しかし、ヴァリニャーノが巡察のために来日した時期のイエズス会日本布教長カブラルは、日本人を頭から軽蔑する振る舞いだったようである。次のような手紙が残っている。

「私は、日本人ほど傲慢で、貪欲で、不安定で、偽装的な国民を見たことがない。彼らが（修道会に入って）共同の、そして従順な生活ができるとすれば、それは他に生活手段がない場合においてのみである。（……）日本人のもとでは、誰にも心の中を打ち明けず、読みとられぬようにすることは、名誉なこと、賢明なことと見なされている。彼らは子供の時から、そのように奨励され、打ち明けず、偽善的であるように教育されるのである」（松田毅一、前掲書）

カブラルは、日本人の修道士が学問を修めてヨーロッパ人と同様の知識をもち深く教義を知ればきっと独立してしまうだろう、と述べている。その証拠に日本の僧侶はなかなか手の内を見せないじゃないか、などと言っている。そして、カブラルは日本人修道士を聖職者にしないように主張していたようである。

ヴァリニャーノは、カブラルを布教長として不適当と断じ、罷免している。

他方、カブラルと同時に来日したオルガンチノは、

「日本人は、全世界で、もっとも賢明な国民に属しており、彼らは喜んで理性に従うので、我ら一同に遥かに優っている。我らの主なるデウスが、何を人類に伝え給うたかを見たい者は、すべからく日本に来さえすればよい。私たちヨーロッパ人は、互いに賢明に見えるが、彼ら日本人と比較すると、はなはだ野蛮であると思う。私は、ほんとうのところ、毎日、日本人から教えられることを白状する。私には、全世界で、これほど天賦の才能をもつ国民はないと思われる」(同書)

と述べている。どうであろう、まさに個々の宣教師によって、日本人の評価が大きく違っていたのがわかる。

このように、サビエル、ヴァリニャーノ、オルガンチノ、さらにはトルレス、フェルナンデス、メスキータといった平和的態度で現地に敬意をもって順応しようとした流れがある反面、カブラルのような「強硬・征服・支配派」の流れもあったのである。後者の方には、ペドロ・ラモン(臼杵修練院院長だった人物。ハビアンはここで学んだ)、コエリヨ、フロイス、ゴメス、ルセーナ、コンファロニエロなどがいる。

はたしてキリスト教教団にとって、どちらの戦略が適切だったのか。その結果が出る前にキリシタンが禁教になってしまう。しかし、禁教の原因の一端が後者の動向にあったことは間違いない。

さて、キリシタンと言えばポルトガル系のイエズス会をイメージしがちだが、スペイン系のフ

ランシスコ会やドミニコ会やアウグスチノ会も早くから来日している。アウグスチノ会は一五八四年、ドミニコ会は一五九二年にドミニコ会士のファン・コボがフィリピンから来日している。フランシスコ会は、一五九三年にフィリピン総督の使節としてペドロ・バプチスタが到着する。これを受けて、一六〇〇年、教皇クレメンス八世はそれまでイエズス会にのみ認可していた日本への伝道を、他の修道会にも認めたため、これらの修道会も積極的な活動を始めた。

物理学から歴史学まで幅広い研究で知られる坂元正義によれば、イエズス会は権力依存・平和共存型の姿勢であり、スペイン系の諸修道会は清貧・大衆・直線的・支配型という傾向に分類できるようだ。この点は歴史学者の高瀬弘一郎による「キリシタンと統一権力」(『流通経済大学論集』Vol. 41 No. 1)に詳述されているが、イベリア両国の国内事情もあったのである。

イエズス会はポルトガル系の修道会(イエズス会にはポルトガル人だけではなく、スペイン人やイタリア人もいた)であるが、フランシスコ会等はスペイン系である。早くから新航路発見に熱心であり、貿易による物産の独占的獲得に成功していたポルトガルに比べて、スペインは植民地獲得志向が強かった。これはかつてイスラームに支配された経験をもつスペインの鬱屈した経緯から発せられた志向だったかもしれない。

ヴァリニャーノの動き

さて、サビエルの衣鉢を継いだヴァリニャーノの動きを追ってみよう。

「第一回」の来日では、理想に向かって邁進したヴァリニャーノ。信長とも友好的な関係を築いている。ところが、「第二回」の来日（巡察師は各地を周回する）では、秀吉によるキリシタン政策の方針変更にみまわれる。一五八七年には伴天連追放令が出るのである。

それまで順調に伝道が進み、第一回黄金期を迎えていた日本のキリシタン教団にとって、突然の逆風だ。このとき、ヴァリニャーノは有名な加津佐の第二回総協議会を召集するのである。当時、二十六歳のハビアンが最年少の日本人イルマンとして参加したことはすでに述べた。ヴァリニャーノは、この会議で緊縮財政を指令し、同宿以下三分の二の職員を解雇している。

ヴァリニャーノによる対策もむなしく、キリシタンへの圧力は次第に強くなる。一五九六年にはスペイン船「サン・フェリペ号事件」が起こる。土佐の浦戸に漂着したサン・フェリペ号に乗っていたフランシスコ会の宣教師や信者二十六名が逮捕され、翌年処刑された事件である。彼らがキリスト教による日本侵略の手先だと見做されたからだ。この事件も大きな契機となって次々とキリシタンに対する圧力が加えられるのである（秀吉、家康、秀忠、と権力の中枢が変わるにつれてその抑圧の強度は次第に増していく）。

ヴァリニャーノの「第三回」の来日時点では、すでにスペイン系修道会が日本に登場しており、政治の権力は家康へと移行していた。このとき、ヴァリニャーノは、日本人十七名をマカオへ連れて行き、そのうち二名を司祭（パードレ）にしている。

一方、家康がプロテスタントのイギリス人ウィリアム・アダムズ（三浦按針）を登用している。プロテスタント系のオランダ人宣教師も登場するなど、この時期すでに日本ではキリスト教教派の顔ぶれが揃ってきていたのである。

さて、ヴァリニャーノの果たした大きな仕事のひとつとして『日本のカテキズモ』を著したことが挙げられる。この書は、『ドチリイナ・キリシタン』をさらに展開したものであり、キリシタンにとって重要な書となった（この書とペドロ・ゴメス『カトリック教理綱要』の二つが『妙貞問答』のベースになったと指摘されている）。

『日本のカテキズモ』は、キリシタンの宗旨の理を明確にし、日本の諸宗教を排斥するために作成された書である。フロイスの『日本史』（一五八〇年度の項）によれば「巡察師（ヴァリニャーノ）は、諸宗派に通暁している二、三の日本人とともに、詳しく、かつ、よく秩序立てられたカテキズモを編した」と評価されたカテキズム（教理指導書）だ。この本は、一般信者への入門書ではなく、イルマンや神学生たちのテキストだったらしい。「人間は理性をもつ存在であり、他の生物とは違う」「理性によって創造主宰の絶対者の実在を認識する」「三位一体と十字架の贖罪。そして原罪からの解放」「神道・儒教・仏教への批判」などが述べられている。そして、この書を編纂する際に協力した日本人は、養方軒パウロ（元仏僧で、外国人宣教師に日本語を指導、翻訳作業にも携わった）が主たる人物だったと思われる（海老沢他編著『キリシタン教理書』解題、一九九三）。

キリシタンの特性

キリシタンという宗教にはいくつかの大きな特徴がある。それをここで整理してみよう。

『ドチリイナ・キリシタン』によれば「一切人間に後生を扶かる道の真の掟を弘めよとの御事也」（『岩波日本思想大系25』、一九七〇、以下『ドチリイナ・キリシタン』の引用は本書による）という宗教がキリシタンである。そしてその道は三つの事に極まる。
「一には、信じ奉るべき事、二には、頼もしく存じ奉るべき事、三には、身持（注　生活態度のこと）を以て勤むべき事、是也。信じ奉るべき事とは、ひいですの善にあたる事也。是人間の分別に及ばぬ事也。是等の事を弁《わきま》へずんば、後生の道に迷ふ事多かるべし。頼もしく思ふ事とは、ゑすぺらんさの善にあたる事也。是即きりしたんにでうすより与へ玉ふべしとの御約束の事也。是等の儀を知ずんば、難儀にあふべき時、頼む所なしと思ひて、心を失ふ事もあるべし。是又あにまの大なる障り也。身持を以て勤むべき事とは、かりだあでの善にあたる事也。是等の事を心得ざれば、でうすの御掟をそむく事度度あるべし。それによて、此三の善にあたる事、きりしたんの為に専なる事也」（大系本、キリシタン用語に傍線。以下も同様である）
「ここで述べられている三つの肝要とは、一つは〝信仰〟である。これは人間の知性を超えるものなのだ。二つには〝(必ず救われるという)確信〟である。これは生きる希望となる。三番目には〝生活規範を守る〟ことである。これは、愛の実践へとつながる。この三つを心得なければ、神にそむくこととなる」
　信仰（ヒイデス）と希望（エスペランサ）と信仰の実践（カリダアデ：愛）との三対神徳がキリシタンの柱だと述べている。また、信仰とは人間の理性や知性が及ぶものではなく、ただ神の啓示によるのだ、という点などは特徴的な部分である。こうしてみると、「キリシタン」は、「後生の救い」に大きく重心を置いていたことがよくわかる。そもそもヨーロッパのカトリックは、「チャーチ」と呼ばれる形態をもつ。「チャーチ」とは、江戸時代の寺請制度のように、「家の宗教」「地域の宗教」といった性質をもち、生まれながらにしてメンバーとなっている宗教形態のことだ（これに対して個人が自発的に明確な信仰をもってメンバーになる宗教を「セクト」と呼ぶ）。しかし、プロテスタントの影響で修道会が世界伝道戦略に打って出た。つまりカトリックの、「いかにすれば日本に受け入れられるか」という工夫の結果がキリシタンなのである。ゆえに後述するように、「三位一体」を棚上げにしたり、イエスよりもデウスを前面に押し出したりする形態をとる。

ところで、キリスト教文化圏において、「信仰」と「理性」は常に取り沙汰される対立項である。例えば、仏教で語られる「信」には「きちんと理解して納得する」という側面がある。サンスクリットの「シュラッダー」や「アディムクティ」にはそのような意味が含まれている。ゆえにしばしば「信解《しんげ》」とも翻訳される。これに対してキリスト教の信仰は、テルトゥリアヌスが「不合理なるがゆえに我信ず」と表現したように理性を凌駕する力を内包している。このような強さは、やはり唯一神に支えられたメンタリティによるものであろう。

キリシタンによる科学思想・教育・福祉

一五五二年の一月二十九日、サビエルはヨーロッパの会友に以下のような文章を送っている。「日本人は、私の見た他のいかなる異教国の国民よりも、理性の声に従順な民族だ。非常に克己心が強く、談論に長じ、質問は際限がない位に知識欲に富んでいて、私達の答えに満足すると、それをまた、他の人々に熱心に伝えてやまない。地球の円いことは、彼等に識られていなかった。その外、太陽の軌道についても知らなかった。流星のこと、稲妻、雨、雲などについても質問が出た。かくて私達は、彼等のすべての質問に充分の答えを与えることが出来たので、彼等は大いに満足して、私達を学者だと言う。そのお蔭で私達の言葉が彼等に深い感銘を与えている」

このように、キリシタンはヨーロッパの科学的知見を伝道戦略に活用した。十六世紀、ヨーロッパに開花した実証科学的精神とキリシタンの教えとは車の両輪であった。それは人々の知的好奇心を満足させ、宣教師の権威づけに結びついた。また、宣教師の科学知識は、特に仏教との論争において大きな力を発揮したようである。例えば、ルイス・フロイスの記録によれば、ルイス・デ・アルメイダ（Luis de Almeida 1525–1583）と僧侶とが論争し、アルメイダは日蝕・月蝕・干潮・満潮などについて解説、さらに仏説の須弥山説を論破。聡明な僧侶だったので、納得したとしている（尾原悟『キリシタン研究　第十輯』、一九六五）。

あるいは、琵琶法師ロレンソが信長の前で日乗と論争したときも、ロレンソは「四大よりなる被造物の多様性、太陽、月、星の構造と美しさ」からデウスの存在を証明しようとした。これに信長はたいへん感服したという。つまり、当時、日本では地球が球体であることも含めて、この手の自然科学の知識は乏しい状況だったのだ（このことは後述のハビアンと林羅山との論争においても取り沙汰されている）。

さらに、キリシタンは教育や福祉といった社会活動を伝道のツールとして活用した。もちろん、この手法は現在でも見ることができるキリスト教の特徴でもある。現代の日本における教育・福祉の分野は、キリスト教の影響抜きに語ることはできない。

当時のキリシタン書である『病者を扶くる心得』によれば、病人には「洗礼を授け、告解を勧めること」と述べている。また末期の病人には、ますます信仰を固めるように導き、十字架（クルス）を架けたマリアの御影を目前に置いて、祈りを捧げる。この他にも、まだ初心の病人や、囚人の臨終など、細やかに書き記し、病人に寄り添う手順を説いている。

サビエルは、「何よりも世界創造のドチリナから始めなければならない。が、それは日本人に最も重要な事柄のみを簡潔に解説すべきである。例えば唯一の創造主が万象を作られたという如き、日本人の全く知らない観念である。それから〔始めて〕アニマ（霊魂）の扶かりなど他のドチリナに移って行く」と述べている（海老沢『日本キリシタン史』）。

フロイスもサビエル同様、「まず天地万象の御作者一体ましますこと、世界には始めがあり、〔彼らが信ずるように〕永遠でないこと、太陽や月は神ではないのみならず、生命ある被造物でもないことを証明する」と記している。

このようなイエズス会の伝道戦略の傾向は、『妙貞問答』の語りから如実に読み取ることができる。言い換えれば、『妙貞問答』はキリシタンという宗教の結実でもあったのである。

普遍・絶対・創造主

坂元正義は、イエズス会以降に多くのキリスト教教派があることを知った日本人は、「キリスト教もまた人間によって作られたものだとの印象をもつ」に至ったのではないかと論じている（『日本キリシタンの聖と俗』、一九八一）。興味深い指摘である。実は、このような現象は、宗教を比較して考察する意義のひとつである。宗教はしばしば自らの体系を絶対視しがちである。横に別の宗教体系を並べるだけで、その宗教を相対化できるのである。もし、いくつかの教派が入ってくることによって、キリシタンの「絶対性」が揺らいだとしたなら、とても日本宗教文化的なことだと思う。

なにしろ、ハビアンの著作でも繰り返し強調されているのは、「キリシタンにしか〝絶対〟という概念はないのだ」ということなのである。おそらくかつてハビアン自身も大きな衝撃を受けたキリシタン思想のひとつだったろう。

これまでも繰り返し指摘されてきたことであるが、『妙貞問答』には「三位一体」という教義が出てこない。「デウス」つまり「神」については力説しているが、「イエス」についての話はごくわずかだ。もちろん、「三位一体」は、正統を自認するキリスト教教理における最大の特徴のひとつであるのだが、キリシタンではまず「絶対なる神」という概念と、「人間の魂」について理解することを第一義にしていたからである。サビエルが「伝道は世界創造の教理から」と語ったように、このことは伝道戦略として意識的に行なわれたのである。

『妙貞問答』においても、「アニマラショナル」について詳述している。仏教が「無我」を説き、「無自性」を説き、「仮和合（一時的に諸要素が集合して存在している）」を説くのに対して、たとえ肉体に終わりがあっても不滅の「アニマ」があるということを強調したのである。もちろん、それは魂魄や霊魂や祖霊といった従来からあった「死んでも残る我」といった概念とそれほど異なるものではない（この死後の霊を、古語では「ち」や「ひ」と言った。ゆえに「ひと」は霊が留まっているところであり、「ち」は、いのちの「ち」である）。

しかし、キリシタンでは、人間のアニマは他の生物とは別物である、と説く。人間と他の生物との本性は違うと言うのである。

このことは、仏教と真っ向から対立する生命観であった（ただ、仏教でも、有情「生命をもつ存在」と非情「生き物でない物質」は分類する）。マテオ・リッチも中国でこのことを再三強調している。また『妙貞問答』でもこのことは力説されている。

この生命観はキリシタンの伝道戦略としても常に前面へと押し出されているのである。つまりこの概念は当時の人々がもっている枠組みを大いに揺さぶるからだ。あるキリシタン大名はこの教理を聞いて、「初めて納得できる理念に出会った」と語ったという。

そして、その「アニマ」を救うのは、「アニマ」の作者であるデウスしかない。本当に後生を救う力があるのは人間などではなく神でなければ成し得ない。つまり、「科学的知見」→「人間と他の生物とのカテゴリーは別」→「人間特有のアニマを救う力があるのは、造物主のみ」という流れが最も日本人にとって受け入れやすいと判断した結果の手順なのだろう。

『ドチリイナ・キリシタン』には、

師　（……）第一肝要の題目を申されよ。

弟　一には、なき所より天地をあらせ玉ふ御作者でうすは、御一体のみにて在《マシ》ます也。（……）又此後生の道はきりしたんの御掟のみに極まる也。それによ［つ］てきりしたんにならずんば、後生を扶《タスカル》事有べからずと分別しぬ。

「キリシタンの肝要とは、来世の救済はキリシタンにしかなしえないということ」と記されている。これがキリシタン第一の肝要なのである。

また、『妙貞問答』でハビアンは、繰り返し「釈迦も阿弥陀仏も元は苦悩する人間だった。この世界を創った神ではないのだ。人間に他者を救う力などない。まして来世を救うのは神しかありえない」と述べている。このような強烈な唯一性絶対性こそキリシタンと従前の宗教との大きな相違だったのである。[※1]

ハビアンは、この「絶対普遍」という概念に魅了されていたのではないだろうか。他のキリシタン書に比べて、明らかにこの点に力を入れて語っている。そして仏教との相違を何度も確認するのである。相対化のメカニズムをもつ仏教の言説に鍛えられてきたハビアンにとって、この「絶対普遍」という理念は、彼の内部に解体‐再構築をもたらしたに違いない。

戦略としての儀礼性

イエズス会の伝道戦略の特徴のひとつに、「儀礼に力を注ぐ」があった。「日本人は外見で判断する」ゆえに、僧侶なみの衣装を身につけ、権威的な儀礼を行うべし、これがイエズス会の知見だった。

オルガンチノはイエズス会総長に宛てて、

「私達は、当ミヤコ全域の改宗に大きな期待を寄せている。(……)何故なら、都こそは日本においてヨーロッパのローマに当り、科学、見識、文明はさらに高尚である。尊師よ、願わくは彼らを野蛮人と見做し給うことのないように。信仰のことはともかく、我らはあきらかに彼らより劣っているのである。私は日本語を理解し始めてから、かくも世界的に聡明で明敏な人々はないと考えるに至った。経験により、私たちは儀式によってデウスの礼拝を昂揚せしめることができれば、日本人は幾百万と改宗するであろう。（……）欺瞞の礼拝の師たち（仏僧）は、その儀式と華麗な寺院によって、我らの〔採るべき〕道を示しており、真理の〔教の〕奉仕において、儀式こそは最も効果のある〔布教〕方法であることを御承知願いたい」（ヴァリニャーノ『日本巡察記』、一九七三）

儀式こそ日本において最も効果のある布教方法である、とヴァリニャーノは喝破した。卓見と言うべきである。

しばしば比較宗教文化論では、日本人の宗教性を「儀礼好きの戒律嫌い」と表現する。この場合の「（宗教）儀礼」は、宗教儀式から聖職者の衣服や建築様式まで幅広い領域を指す。

考えてみれば、儀礼とは信仰や教義よりも関係性が先立つところに特性がある。例えば、葬儀や法事は、明確な信仰がなくても参加する。自分の信仰とは異なる宗教の儀礼であっても、列席することもある。つまり、信じていなくても宗教儀礼は成立するということだ。また、信仰や信心がなくても、教会や寺院にたたずめば、その場の聖性を感じて宗教性の共振現象が起こる場合もある。おそらく日本宗教文化はこのような「場を感じる力」を重視してきたのではないか。

こうして見れば、サビエルやヴァリニャーノの考えた戦略は的を射ていたと言える（しかし、サビエルやヴァリニャーノやオルガンチノの路線が支持され続けたわけではない）。

比較宗教論としての『妙貞問答』

薩摩潟沖の小島にわれありと
親にはつげよ、八重の塩風
思ひやれしばしと思ふ旅だにも
なほふるさとは恋しきものを（『ハビヤン抄キリシタン版平家物語』、一九六六）

ベンベンという低い琵琶の音。それにのせて『平家物語』を語る男。見事な声と節回しである。短軀で足が不自由な容姿、半盲であり見える方の視力もわずかにしか残っていない。しかし、ひとたび語り出せば人々を魅了せずにはおかない話術。キリシタン史上、その弁舌の妙で名を残したロレンソ了斎である。ロレンソはかつて琵琶法師であった。姉崎正治によれば、ハビアン自身もロレンソの『平家物語』の語りを何度も聴いたとのことである（『姉崎正治著作集第四巻』、一九三〇）。そして、姉崎はロレンソこそハビアンに大きな影響を与えた人物ではなかったかと推理している。ハビアンが『平家物語』に関心をもったのも、ロレンソの影響であったかもしれない。ヴァリニャーノもこのロレンソ了斎に仏教や神道の解説をしてもらったようである。キリシタン教団は力を合わせて日本の宗教の研究・分析をし続けていた。そんな中、『妙貞問答』は生まれた。

『妙貞問答』は護教のための比較宗教論である。そして、護教のための比較宗教論は『妙貞問答』以前にもある。なにしろ宗仏と排仏、仏教と神道、仏教と儒教、仏教各派同士の宗論など、多くの討論や論議が行なわれてきたのである。しかし、『妙貞問答』が従来の比較宗教論と大きく相違する点は、当時における東西の知識を結集して、複数の人々による調査・研究の結晶だという点である。

比較宗教論について

現代でも年間に数え切れないほどの新しい（と称する）宗教が世界各地で誕生している。もちろん、その中で数世紀にわたって存続するものはごくわずかである。宗教に関する思想や言説は、すでに二千数百年前のアクシス・ピリオド（哲学者ヤスパース［1883–1969］の論で、「枢軸時代」と訳される。紀元前八〇〇～紀元前二〇〇年にかけて起こった世界的なエポックメーキングな期間）にすべて出尽くした、とさえ言われているので、たいていは従来の宗教を現代風に焼き直すか、いくつかの宗教を組み合わせただけのものになってしまう。そして新しく登場する宗教は、必ず従来の宗教との相違を語らねばならない宿命を背負う。いや、そもそも宗教を語る場合、どうしても比較という手法をとらざるを得ない側面がある。なにしろ、宗教は「体験」という主観的事象の領域に重心を置いている。他宗教の体系と比較することでしか説明し難い部分があるということだ。

宗教を分析・研究する際も、「比較」は欠かすことができない手段である。それゆえ、現代の宗教学も、当初より「比較宗教」という性質を備えている。比較することで研究対象をポジショニングすることができる。また、比較することでその宗教体系を相対化するわけである（どのような宗教体系も自分自身がいかに普遍的であるかを主張する）。それゆえ、現代の宗教学では、その宗教体系に取り込まれることなく対象を語らねばならない。宗教を研究するということは、ある特定の宗教の優位性を証明することと同じではない。むしろ、どのような宗教体系も同位に並べて観察せねばならない。ある特定の宗教体系の視点から別の宗教体系を語るのは、「宗学」や「神学」であって、宗教学とは言い難い。そして、その原則に照らせば、ハビアンの『妙貞問答』は比較宗教論とは言えない。あきらかに「護教論」だ。

ハビアンの比較宗教論

しかし、ハビアンの生涯を俯瞰するならば、結果的には比較宗教の手法を駆使して当時におけるすべての主要宗教を相対化したと言うことは可能であろう。そこで、『妙貞問答』における比較宗教論的要素を抽出してみよう。

まず、「比較」という手法であるが、比較とはふたつ以上のものを互いに比べ合わせて、それらの間の類似点、相違点、一般法則などを考察すること、である。『妙貞問答』の場合、「キリシタンという新しい宗教を理解させるため」と「キリシタンは従来の宗教とは異なったものであり、しかも最も勝れている」ことを語るために、仏教・儒教・道教・神道と比較したのである。

しかし、「比較」というプロセスは、ある特定の宗教体系を理解したり説明したりする手法以外にも、意外な機能を果たす。それは、比較する主体の信仰を成熟させるという機能である。

比較思想においては、「比較」は問題解決のための道具であると同時に、創造的行為でもあると考えられている。我々は日常生活において、常に「比較」による認識を繰り返している。そして、「比較」することによって初めて成立する概念もある。その場合、比較は単なる手段という枠を超えて、クリエイティブな営為となる。

中でも、宗教を比較するということは、それ自体、宗教的行為であり宗教体験である。禅僧としてのトレーニングを積んだハビアンにとって、キリシタン信仰を確立するためには、「比較」は避けて通ることができないプロセスだった。そして、間違いなく、彼にとっては他宗教とキリシタンとを比較すること自体が彼の信仰営為だったのである。

影響比較と対比比較

ハビアンは仏教と儒教と道教との近似性を指摘し、それらとキリシタンは根本的に相違することを述べている。結果的には「影響比較」と「対比比較」の組み合わせを使ってキリシタンという宗教へアプローチする格好となった。

宗教を比較して論じる際、「影響比較」と「対比比較」は現代においてもしばしば混同されている（この「影響比較」と「対比比較」の呼称については、拙著『親鸞の思想構造　比較宗教の立場から』を参照）。「影響比較」とは「比較するものの間に交渉関係が実際にある場合」を指し、客観的かつ歴史的研究として成立する事例である。これに対し、「対比比較」とは、「比較するものの間に交渉関係が実際に無い場合」の比較であり、類似点を軸にしてそこから一般的な法則を導き出すという手法だ。[※2]前者の手法は主にフランスで確立し、学問としての存在理由は大きいが、研究範囲が狭いという難点がある。後者の手法は普遍志向の強いアメリカで発達し、発想としては面白いが学問としては成立し得ないものが多い。ちなみに日本で比較思想といえば、ほとんどが後者の立場である。

例えば、法然と親鸞や、法然と明恵を比較するのであれば、明確に影響を検討できるわけであるから「影響比較」が可能である。しかし、道元とハイデガーとなれば双方の交渉関係は無い。ゆえに「対比比較」となる。

この点、ハビアンは仏教・儒教・道教・神道という実際に影響し合った宗教を並列させ、結果的に仏教・儒教・道教の行き着く先が一致するという結論に達している。三教の影響ぶりを語っているわけではないが、そのシンクロぶりを点検する手法は「影響比較」の手順である。また「中巻」では、神道がいかに仏教・儒教から影響を受けたかについて言及されている。そして、ハビアンの意図は、これらの宗教の類似・共有部分を抽出するところにある。

「中巻」の冒頭、妙秀が「仏教は出家という甚だ非社会的なことを説くので中国では異端扱いされており、儒教とはずいぶん相違すると聞いていますが」と問いかけ、キリシタンは儒教とも違うのか、と詰め寄る。この問いに幽貞が各文献を引用しながら「儒教が語る天道とは太極のことであり、太極は陰陽に分かれる」「この太極とは老子が〝道〟と語る虚無自然である」「この〝道〟は、仏教で言うところの虚空法界である」と導く。

「儒道モ畢竟ハ仏法ト一ツ成事ハ申ニ及ス。道者ノ教トモ同シ様ニ聞ヘサフラウ。三教一致ト申ナラハシタルハ実ニテサフラウ」この部分だけでも、なかなかたいした知見である。きちんと影響を検証しているわけではなく、共通点を対比しているだけだが、少なくともその語り口は比較研究としての体を成している。さらに神道の神は「陰陽の屈伸来往を指す」と、吉田神道が儒教に多大な影響を受けていることを指摘している。このあたりは、しっかりとした影響比較である。

「下巻」では、ハビアンはそれらの宗教とキリシタンとが根本的に相違することを論じている。「絶対」「唯一」という属性を有する「神」、さらにはその「神」による「救済」、そして人間と他の生物とは魂の種類が違うという生命観。見事に仏教・儒教・道教を「対比比較」している。

ただ、明らかにこれらの比較検討は帰納法的思考における恣意的なものである。つまりある枠組みを設定して、それに符合する事象を取り上げて「両者は共通している」あるいは「双方は相違している」とする思考法である。ハビアンの比較宗教論は、もともと仏教・儒教・道教・神道とキリシタンとが相違すること、キリシタンが他の宗教よりも優位であることを前提にして、そこへと帰納するための比較である。

本来、比較を通して演繹的に浮かんでくるものを結論とすることを志向しなければならない。積極的に比較の結果を提出するのではなく、ネガティブに見えてくる輪郭を尊重してゆくのがフェアな態度である。あるいは、何らかのビジョンを設定して、ある程度の目算を立てて、比較の過程で齟齬する部分を修正してゆく、という仮説演繹法的思考が適切であろう。特に「対比比較」においてはこの点が重要である。

日本の比較宗教論

空海は『三教指帰』において「儒教・道教・仏教」を比較し、仏教に帰依すべしと説いた。それに先立ち、中国では唐の時代にこの三教を比較する論議が盛んに行われている。王淳の『三教論』や衛元嵩《えいげんすう》の『三教を斉《ひと》しくする論』などが有名である。しかし、中国の三教論は客観的に三教を比較する傾向が強いのに対して、空海の『三教指帰』は、主体的性格が強く、仏教を選ぶべしという方向性をもっているところに特徴がある。

『三教指帰』は四六駢儷体（四字句と六字句との対句によって独特のリズムをもった文体）の華麗な漢文で書かれ、物語仕立てになっている。「上巻」では心がねじ曲がったやくざ者に亀毛先生という儒者が儒教の道を説く。「親に仕えて、孝の道に励み、真心から忠をつくすことによって、立身出世へと至る」という説得に、そのやくざ者は心を入れ替える。しかし「中巻」では、その様子を見ていた虚亡隠士という道教の隠者が儒教を批判しだす。そして「世俗の栄誉や富貴に目もくれず、自ら無為の境地に身を置くことで〝道（根源的な真理）〟と一体となる」ことを説く。これにはやくざ者始め、その場にいた者はみんな儒教より道教が優れていると判断して、道教の教えに従うことを決意する。そして「下巻」で今度は沙門（仏教の出家者）である仮名乞児が登場し、「沙門は一見、不孝不忠に見えるがじつは一切の衆生を救う大孝大忠である」と語り、次いで仏教の基本教理である「五戒・八正道・六波羅蜜・十善・七覚支・四念処・四弘誓願」などを説く。これによって、儒教や道教よりも仏教が優れた教えであると導いている。

ここで空海はこれらの三教それぞれが固有の特徴をもち、それぞれに相違するところを説話風に説いている。この点は、ハビアンの比較論による「三教は共通する」という結論とは異なっているのである。

三教が同じところに帰一する、という論は中国の明代の後半あたりから盛んに主張された。そして、日本でもハビアンたちの時代においてかなり論じられたようだ。ハビアンと同時代の林羅山や松永貞徳も「三教一致」について詳しく論述している。

『妙貞問答』と同時期（慶長十一年〜十三年あたりにかけて）に、林羅山と松永貞徳が儒教と仏教に関する論争を行っており、それが『儒仏問答』として一部分が残っている。これは新進気鋭の儒者・林羅山が、当代一流の文化人であり知識人であり熱心な法華経の信者だった松永貞徳に挑んだ宗教問答の系譜である。なんといっても羅山は日本の「排仏論」のパイオニアである。その羅山が仏教を批判する、それに貞徳が応える、そのような体裁になっている。

この論争で羅山は「三教一致などと言って、仏教と儒教との教えが似ているのは、仏教が儒教から剽窃したからだ」と主張する。儒教を大木に喩え、仏教・道教は大木に寄生する葛や藤に喩えている（儒仏大木葛藤説）。そして、全く別物である儒教と仏教・道教とを三教一致として同等視することを厳しく非難している。さらに羅山は「仏教は死後の禍福によって愚民を善に勧める教え」と批判する。

ちなみに羅山は仏教が儒教の教えを剽窃するサマを、「身近な例がある。言うのも口が汚れるが、日本の仏教を批判しまわっている落ちぶれた僧侶や仏教徒。彼らは糊口をしのぐためにキリシタンとなり、仏教といろいろ引き合わせて語っている」と記述している。これはなりそこないの儒者が仏僧となって儒教を仏教に取り込んだことと同じだ、そのように羅山は非難しているのである。そしてここでいう「ダイウスに入信した仏僧」はハビアンをイメージしているのではないかとされている（大桑斉『羅山・貞徳「儒仏問答」註解と研究』、二〇〇六）。ハビアン以外にもキリシタンへと改宗した仏僧は多いので、一概にハビアンだと特定はできないが、いかに羅山がそういう輩を嫌っていたかがわかる表現である。羅山のこのような心根を察したからこそ貞徳はハビアンと対面させたのかもしれない。

さて、この羅山の論に対して貞徳は、インドでは儒教なしに仏教が見事に完成していることや、結局宗教が説くところは廃悪修善であると仏教・儒教・道教一致論を展開している。貞徳が語る「諸教一致思想」は、近世民衆におけるひとつのメンタリティだったのである。

ここで語られている「仏書は儒書を盗用した」という説は、朱子学ではしばしば語られていたようだ。なにしろ中国では仏教が伝来した当初から「格義仏教（中国仏教において展開した独特の仏教学。仏教を儒教や道教の言葉で説明・翻訳する）」という態度をとってきた。さらに中国仏教におけるひとつの到達点である禅は圧倒的に老荘思想を取り入れている。このため「仏書は儒書を盗用した」「仏教と道教は同じだが、儒教は違う」といった論が展開されることになったのである。

さて、ここで注目すべきは、羅山の仏教批判と『妙貞問答』の仏教批判とは正反対であるところだ。羅山（朱子学）は「仏教は死後の禍福を説くのみであり、儒教とはまったく別物」と主張する。ハビアン（キリシタン）は「仏教にも儒教にも死後の救済が無い」と語る。同じ仏教を語りながら二人の言い分はまるで正反対である。まるで「手を打てば　はいと答える　鳥逃げる　鯉は集まる　猿沢の池」（この句はしばしば法相宗の特徴を表すのに使われる）である。奈良の猿沢の池を見ながら手を打てば、仲居さんは呼ばれたと思ってハイと返事をするし、鳥は脅かされたと思って逃げる、鯉はエサがもらえる合図と思って集まってくる。手を打つ音ひとつをとっても、それを聞く側の態度によって、様々に意味づけられる。仏教的心理学である唯識でもしばしば俎上に乗せる論点だ。

羅山とハビアン、二人とも仏教を批判しながら、片や「教えが死後の世界に偏っている」と言い、一方は「死後の世界がきちんと語られていない」と言う。仏教の多面性がこのような論点のブレを生み出しているのである。仏教は受け取る側によって様々な姿を提示する宗教なのだ。

ということは、まるで正体不明のごとき仏教を触媒として展開する比較宗教論と、中軸がしっかりしているキリスト教を触媒として展開する比較宗教論は、相違するはずである。

実際に、欧米において比較宗教論が構築される際、普遍であり絶対であったキリスト教をいかに相対化するか、この点において大変苦労している。長い時間と苦闘を積み重ねることが必要だった。しかし、日本における比較宗教論は仏教を手がかりとして鍛錬されてきた。仏教はそもそも「絶対」を否定するような宗教だ。なにしろ仏教は自体系内に、仏教自身を相対化する装置が内蔵されており、自己と世界の真の姿がわかるのであれば仏教である必要はない、とさえ語る稀有な宗教なのである。

この違いは意外と大きかったかもしれない。

例えば、ハビアンの『妙貞問答』には、一つの局面を多様に読み込んでいく態度を見ることができる。とにかく、少なくとも単純な合理主義者でないことは確かである。いくつかの条件から最も整合性が高いものを選択するといった合理的な論を展開しているというよりは、ひとつの現象からそれを成り立たせている関係性を多面的に見ようとしている。これはやはり仏教的態度だと思う。ハビアンの宗教を読み解く手腕は、仏教によって鍛えられた部分が大きい。だからこそ様々な価値体系を相対化できたのだ。ここに、日本で展開された比較宗教論と欧米の比較宗教論との相違があると考えることも可能だろう。

ハビアンの仏教論

ハビアンの比較宗教論の手順は、まずその宗教の要諦を喝破する、そして自分が見極めた要諦がいかに正鵠を得ているかを論証する、というものである。

ハビアンは「仏教」の要諦を、「同一化」にあると考えている。善悪も正邪もすべて一如であり不二であることに帰一する。このベクトルが仏教思想の正体だと考えている。そして、行きつく先は「無」であり「空」に帰一する（この道教的「無」と仏教における「空」とを混同してしまったのも格義仏教の問題点のひとつだ）。ハビアンによれば、それが仏教のベクトルということになる。

『妙貞問答』に先行して著された『日本のカテキズモ』では、仏教の特性は次の四つに帰するとしている。

1. あらゆる存在や現象は実体がない。「廓然無性」
2. 万物は一体である。「三界唯一」
3. 仏も人間も本質は同一である。来世もなく、現世のみが存在する。
4. 悟りを得て、輪廻の迷いから離れる。

このような集約は、多分に禅仏教色が強い。もしかするとハビアンの意見がヴァリニャーノに反映されたのかもしれない。いずれにしても、キリシタンとの相違を強調するためにまとめる、という意図はあっただろう。

ハビアンと禅仏教

それでは、『妙貞問答』に描かれている禅の世界をもう一度見てみよう。前章で提示したように、ハビアンは「教外別伝」といっても禅が特別な仏教だというわけではない、とする。そして、禅仏教の特徴を現すエピソードとして、「無法の法もまた法なり」「本来無一物」「祖師西来意・庭前の柏樹子」「即心即仏」等を挙げている。

「無法の法もまた法なり」とは、『五灯会元《ごとうえげん》』で釈尊が臨終の際に語ったと記されている言葉である。禅仏教の立場から見た「釈尊の臨終」を知ることができる一文だ。

幽貞。（……）サテ、「無法ノ法（モ）亦法也」トハ、其心良多《やや》カルヘシ。就中《なかんづく》、先、一、二ヲ挙テ申ヘシ。一ニハ、右、捻（拈）シテ見タル花モ、木ヲワ（割）リテミレハ、緑モ紅モナケレトモ、マコトハ、ナキ花カカリ（仮）ニサキタルコトク、元来ハ無心ナレトモ、時ノ境界《きやうがい》ニツレテ、ニクシ、キタナシノ心モヲコレハ、コ、ヲサシテ、「無法ノ法亦法也」ト云リ。二ニハ、ナキ物カ一ツアルソトイヘル事ヲ。「無法ノ法亦法也」ト云リ。（「禅宗之事」）

「禅仏教で語られる『無法の法もまた法なり』とは、多義的な言葉だが、ここでは一、二の意味を語ろう。ひとつは、花や木をバラバラにしてみても、どこにもその本体を見つけることはできない。つまりいくつかの要素が集合して〝仮の一時的状態〟として花であったり木であったりしている。これを『無法の法もまた法なり』と言う」

「無法の法もまた法なり」は、明らかに「無為自然」という道教思想が仏教と融合した結果である。

また、「本来無一物」は『六祖壇経』（慧能の説法集）に出てくる逸話に基づいた理念である。禅仏教の第五祖弘忍禅師の門下神秀が、「身はこれ菩提の樹、心は明鏡の台の如し、時々に勤めて払拭し、塵埃を惹《ひ》かしむること勿れ」という詩を創作したのに対し、後に六祖となる慧能が、「菩提、本《も》と樹無し、明鏡も亦《また》台に非ず、本来無一物、何れの処にか塵埃を惹かん」と詠んだことに由来する。仏教では、執着を捨てろと説くが、もともと自分自身さえ無であるのだから、どうやって執着するというのか、という詩を創作する。中国における禅仏教の特徴を端的に表す逸話である。中国で完成する禅仏教では、「本来すべては無である。そしてそれはそのまま仏である」と考える傾向がある。これはインド仏教からはずいぶん逸脱した方向性だ。禅が道教から大きく影響を受けていることがよくわかる部分である。

次に挙げられている「祖師西来意・庭前の柏樹子」は、『碧巌録』に出てくるエピソードだ。原文は、

僧、趙州に問う、如何なるか是れ祖師西来の意。答て云く、庭前の柏樹子。
無門曰く、若し趙州の答処《たつしょ》に向かって見得して親切ならば、前に釈尊無く後に弥勒無し。

となっている。祖師とは中国に禅を伝えた達磨のことである。「なぜ達磨は（仏法を伝えるた

め）西から来たのか」、つまりなぜ仏道を歩むのか、という問いである。この問いに対して、かの趙州は、「庭前の柏樹子（それは庭の柏の木じゃ）」と応答する。問いと応答がまったく嚙み合っていないが、ここを参究（参禅して究明すること）するのが修行である。ちなみにこの公案があるので、禅寺ではよく柏の木を庭に植える。

「もし祖師西来せずは、東地の衆生、いかにしてか仏正法を見聞せん。いたづらに名相の沙石にわづらふのみならん。（……）しばらく嵩山に掛錫すること九年なり。人、これを壁観婆羅門といふ。史者、これを習禅の列に編集すれども、しかにはあらず。仏仏嫡嫡相伝する正法眼蔵、ひとり祖師のみなり」（「行持〈下〉」巻『正法眼蔵』）

道元は、「もし達磨大師がインドから来てくれなかったなら、中国の人々は本物の仏法を知ることはできなかった。達磨大師は九年もの間嵩山の少林寺に居住した。人は大師を壁に向かって坐禅するインドの僧侶と呼んだ。史学者は大師を『坐禅の道を歩んだ者』と分類しているが、そうではない。本物の仏法を受け継いだのはこの人ただ一人なのである」と述べ、この公案の重要性を説いている。

この部分でハビアンは、以下のような文章を書いている。

幽貞。（……）古人ノ哥ニ「桜木を砕《くだき》てみれハ花もなし、花をハ春のうちにもちける。」此古則ニヨク叶タルトノ先師已来ノ沙汰ニテ候。下語《あぎよ》、「柳緑花紅」。是モ柳ノ緑モ花ノ紅モ、柏樹ノコトク無心ノ者也。其程ニ、草木モ人心モ有ニニ（似）テ、無《なき》物ナル故ニ、此句ヲ柏樹子ト云処ニ付タソ。畢竟、三世無心ト云肝要也。（「禅宗之事」）

つまり、趙州が仏道を柏の木と表現したのは「すべては仮の姿、すべては心が生み出す現象であって、それをありのままに認識するのが仏教だ」と教えているのだと言うのである。ハビアンの仏教観はここにある。あきらかに禅仏教を学んだからこその仏教観である。そしてそのような宗教性を『妙貞問答』で厳しく批判している。ハビアンはこのような無為自然的宗教性をキリシタンの教義によって切り捨てたのである。

次の「即心即仏」は、『景徳伝灯録』巻第七に出てくる公案で、大梅禅師が「如何なるか、是れ仏（仏とはいったい何であるのか）」と問うたのに対して馬祖道一が「即心即仏（その心そのものが仏だ）」と応答した故事に由来している。迷いの身のまま、そのまま仏である、という悟りだ。これも禅仏教の特徴をよく表した逸話である。

このようにハビアンの仏教観は禅仏教をベースにして出来上がっている。そしてハビアンは、

幽貞。（……）今時ノ会下《えげ》僧ハ、万法一心ノ悟ニハクラク侍ル故ニ、月ヲオカミ、日ヲ拝ミ、愛宕詣リ、清水マフテ（詣デ）ナト云事マテ、愚痴ノ尼入道ニカワ（変）ラス。（「禅宗之事」）

と幽貞の言葉を借りて、当時の禅仏教の有様を批判している。禅僧が月や太陽を拝み、愛宕信仰や清水信仰に詣でていることを批判するあたり、ハビアンが「なんだ、この日本の禅仏教の有様は。本来の禅から逸脱しているではないか」という視点をもっていたことがわかる。この点は『日本のカテキズモ』や『仏法之次第略抜書』にも見られない『妙貞問答』の特性である。そし

て、後述するが、このような理念に反する聖職者のふるまいへの批判精神を、ハビアンは生涯を通じて持ち続けていたのである。

ハビアンと浄土仏教

『妙貞問答』における仏教批判の論点は禅仏教を主役とした「無や空に帰一する」というものだけではなく、「釈迦」「大日如来」「阿弥陀仏」の存在を否定することにも力が入っている。この点は、かつて『妙貞問答』の「上巻」だと思われていた『仏法之次第略抜書』でも詳述されている。「釈迦」「大日如来」「阿弥陀仏」が単なる人間であり、真の救済能力はないことが力説されている。これはキリシタンの戦略としてはよくわかる。キリシタンとしては、この部分を批判し、日本仏教における救済神的性質をもつものである。「釈迦」「大日如来」「阿弥陀仏」は、相対化し、デウスとの差異化を明確にしなければならない。中でも称名念仏による阿弥陀仏救済信仰は根強い。『妙貞問答』でも、浄土宗・浄土真宗には救いがきちんと説かれているではないか、という問いが提出されていた。「念仏」「浄土往生」は、日本宗教文化の大きな柱である。

聖者の道である禅仏教に対して、庶民による在俗生活の中で花開いた浄土仏教。単純に考えれば、キリシタンともっともテリトリーがバッティングするのが浄土仏教のはずである。実際、フロイスやヴァリニャーノなどはそう意識していた。キリシタンは浄土仏教の理念を媒介して理解された側面もあり、信長のキリシタン保護政策は、本願寺勢力対策でもあったと言われている(海老沢『日本キリシタン史』)。

興味深いのは『妙貞問答』のメンティー（被育成者）である妙秀は浄土宗の尼僧という設定になっていることである。妙秀は、「他の宗派はよくわかった。しかし浄土宗は違う。後世も説かれ、救い主である阿弥陀仏もおわす」とメンター（育成者）の幽貞に反論している。まさにこの点が大問題なのであって、キリシタン教団としてはこの救済型仏教である浄土仏教を崩さねばならない。

ハビアンは浄土往生を（「往生者、諸宗悟道、得法異名也」浄土へ往生するというのは、他宗派で言う悟りを開くことと同じであるという『一枚起請文見聞』の一文を挙げて）、真如平等・虚空法界（一切があるがままでとらわれのない平等な悟りの世界。仏教の理想）であり、「神もなく、仏もなく、地獄もなく、極楽もなしと悟るを悟道・得法とは申すなり」と見極め、浄土仏教の救済能力を否定する。つまり、浄土仏教とは言え、仏教である限り、すべては相対的な仮の存在であるところに立脚する。実在は否定され、行き着く先は悟りであり真如なのであるから、そこに絶対なる神は存在しないのだ。

是ハ末代劣機、鈍根ノ衆生トテ、末ノ世ノ今ハ、機モ心モヲトリ（劣）タル故ニ、其悟ニハ入《いり》難《がた》シ。シカルニ、浄土門ト云《いへ》ル我宗ハ、末ノ世ノ愚ナルヲ洩サシカ為ノ善行（巧）方便ナルハ、唯一筋ニ南無阿弥陀仏ト唱サセ、一息絶断トテ、息ヲヒツキル処ヲ往生ト云リ。是カ諸宗ノ悟道、得法ト同事トハ、何シニ云ソナレハ、諸宗ノ兼而《かねて》悟ル此無ニ、念仏ノ行者モ死《しぬ》ル時節ナレハ也ト云心得ニテ、イヒタル者也。コレ御覧セヨ。浄土宗モ後生ハナキ物ニスルト云事ノ、ハヤ、ソロ〳〵ト見侍ル事ヲ」（「浄土宗之事　付一向宗」）

「ただ南無阿弥陀仏と称えれば、息をひきとると同時に浄土へと往生できる。このような教えは、末法の愚鈍なる人のために説かれた方便である。なぜこれが他宗派の悟り・無と同じであるかと言うと、念仏者も死すれば無に帰するからだ。つまり浄土宗にも来世は無いことがわかる」

浄土仏教も死ねば無に帰すと教えているのだ、そんなものに後生の救いはないぞと語り、浄土宗、浄土真宗、双方に同様の批判を行っている。

キリシタンが日本にその根を下ろし始めた時の真宗教団は、石山本願寺を中心として大きな勢力を誇っていた。信心による「救済」を強調するあまり、仏教本来の姿から逸脱しているとさえ批判された法然・親鸞の浄土仏教。フロイスを始め、宣教師達はその著書や書簡の中で、庶民の宗教メンタリティと呼応している本願寺の宗派は（自分達にとって）最大のライバルとし、早くからプロテスタントとの類似点も認識していた。その意味で常に浄土真宗教団は気になる存在だったのである（真宗海外史料研究会『キリシタンが見た真宗』、一九九八）。

しかし、その浄土真宗もハビアンからみれば不完全な救済型宗教と映ったようである。『妙貞問答』で語られている浄土宗・浄土真宗批判は次の二点にまとめられる。まず「絶対者が存在しない」ということ。阿弥陀仏も所詮人間が悟りを開いたものであり、造物主である神のような完全なる救済は不可能である。次に「詮ずるところ他の仏教宗派と同じく無・空がベースである」こと。一切の存在は無であり空である、すなわちそれだけで独自に存在するものは否定されるという立場は浄土真宗でも同じであるから阿弥陀仏も浄土も来世もすべては実存しない。ならば救済も成立しえない。まさに「実有」を根本におく宗教との違いを確認することができる。それはとりもなおさず、「縁起」に代表される相対原理による宗教と、「絶対」という存在をもつ宗教が育んだ文化の相違でもある。

既述したように、真宗の阿弥陀仏は救済型一神教構造のように見えるが、キリスト教の絶対なる神とは違って、縁起的存在なのだ。親鸞は晩年「自然法爾章《じねんほうに》」の中で、「弥陀仏は自然のやうをしらせん料なり」と述べている。この文章の解釈も諸説あって、何を語ろうとしているのかを説明するのはなかなか困難なのだが、「阿弥陀仏は己のはからいを捨てるための手段である」と読み取ることも可能である。

まさに、私が存在するからこそ阿弥陀仏はおわしますのである。つまり相互依存的関係だ。庶民的信仰においては混同されることもあったであろうが、阿弥陀仏は絶対なる神でも造物主でもない。仏教の教理に立脚した救済原理なのである。そしてその救済原理は、悪を犯して生きていかざるを得ない実存のため、人間の闇から決して目を逸らさない存在のためにこそ働くのである。「仏教の理念」と「人間の業」とを見事に止揚した体系だと思う。

もともと念仏は「仏や仏の国」をイメージする瞑想行が中心であった。それが、南無阿弥陀仏と称えることによって、誰もが煩悩を抱えたまま浄土へと往生できる、という仏教へと展開していく。南無の原語は「おまかせする」という意味、阿弥陀は「限りない光」と「限りない生命」が原義である。世界に満ち満ちる限りない光と生命におまかせしていくという「他力の仏教」が日本で完成する。

浄土へ往生するのは悟りを開いてブッダと成る（成仏）ためである。つまり、この世界では悟りを開けない凡人・弱者のための仏教なのだ。これほど来世（浄土仏教では「後生」と言う）を明確に説く仏教であるのに、ハビアンは「〃悟りへと至る〃というのであれば、他の宗派と同じ空であり無である。だから浄土仏教にも来世の救いはない」と断ずる。驚くべき剛腕である。しかし、仏教の教理基盤から言えば、ハビアンが語っていることはとても理路整然としており、傾聴すべき点も多いと思う。

ちなみに、親鸞は、自ら称える念仏は「仏の呼び声である」という徹底した他力の立場に立つ。ここに「普通に社会生活をしながら、仏の呼び声を聞いて、生き抜き死に切る」という仏教が成立する。息をひきとれば、「浄土へと帰っていく」仏道である。死すれば「浄土へと帰る」生き方を今する仏教である。そこでは僧侶と在家者の差異もほとんど解体されてしまう。また、なぜ浄土へ往って成仏するのか、それは仏となって人々を救うためである。またこの世界に戻ってくるのだ（「還相廻向」と言う）。

もちろん『妙貞問答』ではそのような比較論にまで展開する事はないが、ハビアンは曇鸞（中国浄土仏教の大成者）や了誉（浄土宗の第七祖）を引いて、「真ノ浄土ト云ハ、三輩モ九品モナシ。タ、一枚ノ虚空ソト云リ」と述べ、浄土仏教も仏教のベースからはずれていないことを指摘している。

それにしても、もしハビアンが浄土真宗を、いや親鸞をもっと本格的に研究していたら、いったい何を語っただろうか、と真宗者である筆者などは残念に思う。彼なら真宗とプロテスタントの共通点や相違点をもっと浮き彫りにしたかもしれない。

とにかく、ハビアンは大乗仏教の教理に基づき、阿弥陀仏も浄土もすべて空なのであるから「救済」は成立しないとして、真の救済は造物主たる「神（デウス）」にしか為し得ないことを語る。

ハビアンの戦略

「上巻」で語られた日本仏教各宗派のダイジェストは、いかにも「宗教情報のパッケージ」といった様相である。しかし、単なる概説に留まることなく、さらにハビアンは仏教の内実に切り込み、それぞれの宗派の相違はあるものの仏教である限り「無」「空」の一点へと到ることを論証する。もちろん、仏教は大変すそ野が広い宗教なので、「無」「空」に立脚しない系統もある。そもそも「無」と「空」は違う。仏教思想における最大の特徴のひとつであり、最初期から成立していた法である「縁起」。「縁起」とは、すべての存在はお互いに依存し合って成立している、お互いに限定し合って成立している、という関係性を指す言葉である。この「縁起」から導き出された理念として「空」がある。「空」の理論を完成させたナーガールジュナの『中論』によれば、「空」とは非有非無の中道と同義だということになる。つまり、「有」と「無」の二項対立概念から離れる（＝中道）ことが「空」なのである。そのため、大乗仏教の主流・中観《ちゆうがん》派では「空」と「無」は厳密に分けて考えられる（中村元『仏教思想六』、一九八一）。しかし、禅仏教は中国の格義仏教に多大な影響を受けて成立しているので、「空」と「無」が混同しやすい。特に中国仏教では「空」を道教などで語られる「無」で説明しようとした。一応、この場合の「無」は、「有」と「無」を越えた「無」などと考えるのであるが、結局概念が混乱している。

とにかく、ハビアンは仏教を「無」「空」へと帰着する宗教と断じ、来世の救済は成り立たないことを明らかにしたのである。

さらにハビアンは「中巻」において、当時の思想界で盛んに語られた「三教一致」を逆手にとり、儒教や道教でも救済が成立しないという論理を展開する。この手法はそれまでの日本における宗教の価値観を大きく転換する視点であると思う。なにしろ、日本の宗教文化は「融合」「同一化」に価値を置く傾向にある。だからこそ、遠藤周作は「沼地」と表現したのである。日本宗教文化は、仏教を取り込み儒教を取り込み道教を取り込み、各地域にあった土俗の宗教を神道として（仏教・儒教・道教との融合の中で）形成させてきた。すべてが中空化・同一化へと還元してゆき境界が不明瞭になってゆく、というベクトルをもっているのである。キリシタンも「神」を「大日如来」と融合させ、「マリア信仰」と「観音信仰」とを同一化させ、来世観も仏教を援用しながら土着を目指した。しかし、ハビアンは「キリシタンは明確に他の宗教とは違う」ことを主張する戦略に出たのである。それは仏教を熟知し、その他の宗教をよく研究したハビアンならではの視点ではないか。ハビアンはヴァリニャーノやロレンソ了斎や養方軒パウロなどと共に比較宗教研究を続けた結果、このような戦略へと行き着いたのであろう。

ハビアンの儒教論

『妙貞問答』の「中巻」で語られている儒教は朱子学を骨子としたものである。ハビアンは、つまるところ儒教は仏教が説くところと相違しない、という方向へと論を展開しているが、これは朱子学が仏教や道教を取り込んで体系化されているところに原因がある。

朱子学は、北宋の五子（邵雍《しょうよう》・周敦頤《しゅうとんい》・程顥《ていこう》・程頤《ていい》・張載）を中心とする新哲学が、宋代において統合された思想である。それまでうまく整合しなかった諸説を見事にまとめた朱熹という人物は、「総合→体系化」の手腕において天賦の才能をもっていたと言える。

朱熹の思想の根幹は、①存在の理論（理気説）と②意識の理論（心性説）にある。朱熹によればこの世界の存在は理と気によって成立している。理とは存在を存在たらしめる原理であり、太極とも言う。[※3] 宋学では従来の「天」概念を「理」という理念で捉えなおすことによって実践的な方向へと転換させたのである。他方、気とは物質である。この理と気のリクツはそのまま人間存在にも適用されるのであるが、人間の本性は理そのものであり（性即理）、仁義礼智信がその具体内容を成す（性善説）。この仁義礼智信こそ人間が人間たる所以であって、禽獣と区別される点としている（橋本高勝『中国思想の流れ』、二〇〇〇）。

そして朱子学は仏教の論理性や行法、さらには道教の生成論をも取り込んでいる。日本における朱子学の先駆者であった藤原惺窩などは仏教をも包摂した思想を展開している。そして、この時代、仏教は道教の「養生」や「長生」といった部分を取り入れ、道教は仏教から理論体系や戒律を引っ張り込む（江静・呉玲『日本文化に見る道教的要素』、二〇〇五）。宋代は儒・仏・道の三教一致が花開いた時代でもあった。そして、それを日本に持ち込んだのは栄西を始めとする臨済宗を学んだ僧侶である。つまり臨済宗は三教一致の思想を内包していた、そこにハビアンの原風景がある。

ところでハビアンは儒教（特に朱子学）の実践倫理的態度を一応高く評価している。仏教よりずいぶんマシだし、キリシタンと比較してもなかなかのものだ、と述べている。

「去《され》ハ儒者ノ如キハ、ナツウラ（注　ネイチャー）ノ教ヘト申テ、性（生）得ノ人ノ心ニ生レツキタル仁義礼智信ノ五常ヲ守ルヤウナル所ヲハ、キリシタンノ教ニモ、一段ホメラレサフラフ」（「儒道之事」）

しかし、儒教には「造物主」がいない、と指摘して、やはりそこに「救済」は成り立たないとするのである。儒教にも盤古という始原を語っているが、それはキリシタンと比べれば到底「絶対なる創造神」とは言えない、それが『妙貞問答』の論点である。

ハビアンの神道論

さて、キリシタンは神道もきちんと研究していた。その成果は『妙貞問答』からも充分うかがうことができる。そして、ハビアンは神道の正体は「セクシュアリティ」だと判断している。「神道の奥義は、夫婦の交わりによる陰陽の道に極まる。深い思想はないのだ」と語り、このところは真言密教も同じだと言うのである。

「真言ノ秘密、神道ノ秘事、何レモ此謂レト思召セ」（「神道之事」）

後にハビアンはこのことこそ自然で人間にとって重要なことであると変節するのであるが、現時点では「そんなことは、宗教でもなんでもない」という態度をとっている。

また、ハビアンは「神道は道理に暗い」と指摘している。確かに神道にはもともと明確な教理や理念があったわけではない。そのことが逆に外来宗教と融合したり刺激し合ったりする事態をもたらしたのである。しかし、そのような宗教とキリシタンとが相反するベクトルであることは確かである。

海老沢有道によれば、キリシタン宣教師は神道に対して認識を欠いており、極めてプリミティブな土俗信仰程度として見ていたようだ（『日本キリシタン史』）。ハビアンが『妙貞問答』の「中巻」において、神道を取り上げて論じたのはやはり日本人イルマンならではの視点であり、ハビアンの知見なくしては成し得なかったと言えるだろう。

『妙貞問答』で語られる神道は、吉田神道がメインラインとなっている。前述したように、吉田神道は、神道を中心とした三教一致思想に立脚する。

吉田神道の経典である『唯一神道名法要集』では、「霊とは、一切の諸神、有情・非情の精霊の義也。故に頌に曰はく、器界・生界、山河・大地、森羅万象は、一切神霊なり」と語っている。有情は意識をもっている存在、非情はもたない存在である。自然世界も物質世界も生命の世界も、山や河、大地に至るまで、すべてが同じ霊だと言うのである。この点、まさにキリシタンの生命観・自然観とは真っ向から相反するのだ。

また吉田神道は、仏教の〈三大〉思想を援用し、神道を本体（体）、有様（相）、働き（用《ゆう》）から構成されていると考える。そして、この三つをそれぞれ天・地・人の三カテゴリーに当てはめ、九部とし（三才九部）、さらに天に六神道、人に六神道、地に六神道、合わせて十八神道ありと細分化する。吉田兼倶は、この十八のいずれかに万物が属しており、神道によらないものはないと主張、唯一神道と呼称した。

さて、ハビアンはここでも「国常立尊《くにのとこたちのみこと》（『古事記』にも『日本書紀』にも最初に登場することから、古来、神道において始原の神として重要視されてきた）による天地開闢の神話があるが、

『日本書紀』をよく読んでみればこの国常立尊は天地の間より生じている。ということは真の創造神ではないということなのである」と判断している。そして、「神道は善悪をきちんとわきまえることができれば、何ということはないシロモノなのだ。それをもっともらしく秘事にしているだけであって、こういうのを『秘事はまつげの如し（もっともらしく語っても、つまりは普段気にもかけないありふれたもの）』という」と皮肉たっぷりである。

またハビアンは、『唯一神道名法要集』を足がかりにしながら、神道の正体は夫婦・子育てを神の名の下に語っているだけだと切って捨てる。日本神話についてもハビアンなりの見解をきちんと提示し、日本の「神」とキリシタンの「神」がまったくの別物であることを論じている。キリシタンの「神」は世界の創造主であり、すべての存在の造物主であり、何ものにも依存することなく、何ものにも限定されることのない、絶対者なのである。だからこそそこに救済が成立するのだ。これに対し、仏教の仏も神道の神も、人間と変わりがない相対的存在だ。そのようにハビアンは論を展開し、デウス以外に真の救済能力はない、と語るのである。「あなたたちは今まで〝神〟を知らなかったのだ」と述べるハビアンには、信仰者として教導者として光を放っている。

宗教類型による救済論

宗教の特性を理解する手助けとして類型論がある。有名なものでは、「一神教」と「多神教」というのがある（弊害が多い類型だ。一神教の「神」と、多神教の「神」ではあまりにも相違するのに、この類型では並列的になってしまう）。

ハビアンはきちんとした類型論こそ活用していないが、語ろうとしているところは類型論的である。[※4] つまり、ハビアンは「絶対神をもつ宗教」と「相対概念しかない宗教（相対化する力をもつ宗教、とも言えるのだが）」とに分類しているのである。この類型を使って、キリシタンとそれ以外の宗教との間に一線を引く。

そもそも類型論というのは両刃《もろは》の剣である。それは宗教を把握しやすい反面、宗教がもつダイナミズムが削ぎ落とされた言説に陥ってしまう。『妙貞問答』は初学の婦女子向けに作成されたので、非常に明快で理解しやすい反面、キリシタン自身の宗教性をも矮小化してしまっている（おそらくハビアンはそのことも理解していたはずである。なぜなら『破提宇子』において『妙貞問答』では抜け落ちていた諸宗教のダイナミズムを拾い直しているからである。だからこそハビアンの宗教性に迫ろうとすれば『妙貞問答』と『破提宇子』の双方を精読する必要があるのだ）。

余談になるが、類型論の良さは「宗教」や「宗派」の枠組みを揺さぶるところにあると思う。例えば、宗教学者の岸本英夫は、宗教を「つながり型」「救い型」「悟り型」と形態別に類型している。「つながり型」とはユダヤ教や神道に見られるように、ある民族や文化をつなぐ絆となる宗教である。「救い型」とは唯一絶対なる神が、罪に堕ちている人間を救済するという宗教形態である。「悟り型」は仏教に代表されるように、自らの修練によって、自己を超えて苦しみから抜け出すタイプの宗教である。この類型を使うと、仏教の中でも浄土教は多分に「救い型」であり、またキリスト教においても「悟り型」に近い言説もある。時にはカトリックとプロテスタントよりも浄土仏教とプロテスタントのほうが近似している、などという事態もありうる。このような視点を得られるところが類型論のユニークなところであると思う。

さて、ハビアンによる宗教の類型化は、「来世の救済が成立するかどうか」に論点がある。禅仏教では死は無に帰することと説き、浄土仏教とて絶対なる救済神は否定している。儒教は現世のみの教え（倫理）であり、神道は通常の生活を語るのみ。こうなると、来世の救いをもっているのは唯一キリシタンだけとなる。「人間も含めたこの全世界を創造したデウス」「人間の魂は他の生物とは異なる実体であること」「永遠の神の国であるハライソ」「ハライソへと至る道を開いたゼズキリシト」「その法脈を受け継ぎ、ハライソへの鍵をもつ教会とパパ」「神の救いにあずかるための十ヶ条のマダメント」、さらには社会活動（教育・福祉）これらすべてを兼ね備えているのがキリシタン、ということである。

キリシタンがもたらしたもの

しばしば指摘されるように、日本宗教文化はシンクレティズム傾向が強い。日本宗教文化は、すべてが中空化・同一化へと還元してゆき境界が不明瞭になってゆく、というベクトルをもつとされる。上山春平は「思想の日本的特質」という観点から、また河合隼雄は「日本神話の分析」によって、日本思想および文化や人格的特性を凹型あるいは中空と捉えた（河合『中空構造日本の深層』、一九八二）。一神教を基盤とした西欧の中心統合構造では、相容れない要素を周辺に追いやる。つまり正と邪、善と悪が明確化されてゆく。それに比して、中心を形成しない構造は、対立するものを共存させ、適当なバランスをとりつつ配置されるというのである。そこでは体系的な理論の形で積極的に主張されることが憚られる。それよりも均衡が重視されることになる。宗教的人格においても、日本文化では様々な要素をシンクレティズム的にバランスがとれていることを成熟と評価するが、欧米キリスト教国では明確な取捨選択が行われ中軸を確立できたものを宗教的に成熟した人格とする風潮がある。[※5]

まさに日本宗教文化は相対化の傾向が強い土壌なのだ。宗教と宗教の境界は不明瞭（ambiguity）であり、多重・多層的であり、明確な座標軸を必要とせず、むしろバランスを重視する宗教性が特性である、と比較宗教文化論では一般に言われている。しかし、そのように思われがちな日本でも、「鎌倉新仏教の興隆」や「幕末の神道ムーブメント」に見られるように、時に一神教的メンタリティがどっと噴き出すことがあるのだ。これも日本宗教文化の見落とせないもうひとつの側面である。そして、キリシタンが花開いた時期も、まさにその時だったのである。

おそらくハビアンはキリシタン教理がもつ強さ、強烈な救済原理に魅了されたに違いない。そしてそれは、ハビアンのみならず、近世前夜の時代を生きる人々を惹きつけたのであろう。結果的にはそのキリシタンを禁教とすることで新しい時代の幕が明ける。和辻哲郎が、キリシタンは当時の日本人の視界拡大に大きく寄与し、それが近世への推進力となった、と言ったのももっともなことである（『鎖国』、一九五〇）。

他にも、ハビアンが『妙貞問答』で提示した大きな論点に「存在論」「生命観」がある。当時の人々にとってはそれまでにない「存在論」「生命観」であった。すなわち、「〝神〟は四類の存在を創造した。星や大地や金属などの『生成しない存在』、植物のような『生成するが意識をもたない存在』、動物や虫や魚など『生成し知覚はもつが理を知ることができない存在』、そして『生成し理を知ることができる人間』の四類である。『理を知る』とは『神を知る』とほぼ同義である。そして、人間だけに後生（ハライソとインヘルノ）があるのである」、この生命のストーリーが、他の自然科学と共に説かれるのである。人によっては破壊的な説得力があったことであろう。

『妙貞問答』は、これらキリシタン特有の魅力的な新しい理念が求心力を発揮するよう、効果的に構成されている。繰り返し『妙貞問答』を読んでいると、随所に伏線を張るハビアンの戦略を読み取ることができて、なかなか楽しいのである。

さて、ここまで二章にわたって『妙貞問答』を詳述してきた。結論として、『妙貞問答』一冊だけをもって「ハビアンが比較宗教論を展開した」とは少々過大評価気味と言わざるを得ない。しかし、晩年にハビアンが著述した『破提宇子』と合わせて考えれば、となると話は別である。『妙貞問答』は高く評価されるが、『破提宇子』は宗教論としての価値は格段に落ちる、とされてきた。しかし、ハビアンの本領は『破提宇子』にある、とあえて私は言いたい。というより、『妙貞問答』と『破提宇子』の双方を合わせて考察しなければハビアンの見た風景を追体験することはできない。

※1　唯一性を堅持するということは、他の価値体系とバッティングするということである。この点はキリスト教において常に生じる問題であることは明らかであろう。では、キリシタンでは彼我の二元性をどう語っているのであろうか。『ドチリイナ・キリシタン』

では、「神の道を妨げる誘惑は敵である」という論理を展開している。そしてその代表として三つのものを挙げている。

弟　我等が敵とは何たる者ぞ。

師　世界・天狗・色身、これ也。

キリシタンにとって、敵とは神への信仰を妨げる誘惑（テンタサン）である。世界（世間）は、誘惑に満ちており、そこに天狗（悪魔）がつけこむ。そして、悪しき習慣が染みついた色身（肉体）は、悪癖へと誘惑する。

※2　福井文雅は『欧米の東洋学と比較論』の中で、フランス、ドイツ、アメリカにおける比較文学の方法論を例に挙げ、日本での比較思想研究の手法の混乱を批判している。

※3　思想研究者の友枝龍太郎によれば、ハビアンのように太極を気化と捉えるのは誤りであり、むしろ後述の『妙貞問答』下巻で語られる「スピリツアル・スタンシヤ」を朱子が言う「無声無臭の無極太極」「所以然の故に」に、「ホルマ（Forma：形相）」を「理法条理」「当所然の則」に、「マテリアル・ピリマ（Materia Prima：第一質料）」「マテリヤ」を「気・陰陽・五行」に当てて論ずるべきだ、となる（『朱子文集』、一九八四）。

※4　ちなみに、日本における比較宗教論では、『妙貞問答』から約百十年後に生まれた富永仲基が安易な類型論に頼らず〝傾向〟という概念を使って、さらに巧妙で秀逸な論を展開している。

※5　エリクソン（E. H. Erikson 1902–1994）、オルポート（F. H. Allport 1890–1978）などが指摘している。

第四章　林羅山との対決、そして棄教

「兄上、笑うべき戯言でしたな」

「ああいう本は後世のためにならん。焼き捨てるべきだ」

「しかし、不思議なものがいろいろとありましたな。プリズマとかプリズムとかなんとか言ってたが……」

「ああいうこけおどしを使うから、奴らは信用できんのだ」

林羅山は、二歳年下の弟・信澄と十二歳年上の松永貞徳とともにハビアンのもとを辞した帰り道、こんな会話を交わしていたかもしれない。

羅山は、かなりくどくどと粘り強く議論をふっかける気質の持ち主であったようだ。藤原惺窩門下の先輩であった松永貞徳は、羅山に何度も論争を仕掛けられるので、「悉閉口有し程に」（『儒仏問答』）と書き残している。羅山は自説を曲げず何度も何度も論争を仕掛け、人を閉口させるような男だったようである。

ハビアンはキリシタンを棄教する前々年、林羅山と対面している。果たしてこの対決はハビアンの転機に何らかの影響を与えたのだろうか。『破提宇子』を読む前に、この日本思想史上特筆すべき面談について考えてみよう。

林羅山という男

林羅山（道春）をハビアンに引き合わせたのは、松永貞徳であった。既に述べたように貞徳は当時一級の文化人であり知識人であった。俳諧・連歌においても一流派を生み出した人物であり、藤原惺窩のもとで朱子学を学び、仏教にも精通していた（また熱心な日蓮宗不受不施派の信者でもあった）。そして、当時の知識人・文化人と広く交友を結んでいる。例えば、落語の祖と言われている安楽庵策伝（浄土宗の僧侶）も貞徳と親交があった。

新村出は、「林道春及び松永貞徳と耶蘇会者不干ハビアン」の中で、ハビアンと林羅山との対決について分析しているが、「徳川時代初期に於ける外国文化の渡来につきては、貞徳は逸すべからざる人なり」（『新村出全集第六巻』）として、貞徳がキーパーソンであることを指摘している。そして、ハビアンと羅山の対峙を、「この貞徳が道春を新南蛮寺に案内せし一場の物語は、西教伝播史上の一挿話として史興詩味最も深きものたるを失はず」と評している。貞徳が羅山をハビアンに引き合わせたのは、キリスト教伝道史上最も興味深い出来事のひとつだと言うのである。

さてこの貞徳と、時には親しく交わり、時には激しく論争した林羅山。羅山は、一五八三（天正十一）年、林家の長子として生まれている。十三歳で元服し、十三歳から十五歳までの間、京都東山の建仁寺で書を学んだ。しかし、禅僧になることを嫌って、寺を出ている。その理由は、「剃髪は、身体髪膚を毀傷しないという〝孝〟に背く行為である」「出家者は子孫をもうけないが、これは〝孝〟に背く行為である」といったものであった。『儒仏問答』でも、羅山は仏教の「出世間性」に対して批判している。

羅山十八歳の時、「朱子学」にめぐり合い、二十歳で「放生弁」という文章を作成して仏教の批判を行っている。

二十二歳で、当時有名な儒者であった藤原惺窩を「陸象山の説を取り入れた儒学（つまり仏教の影響を強くうけた儒教）である」と批判。その後、惺窩と面談したことを契機に門下へ入り、惺窩の推薦を受けて、家康に仕えることとなる。

偶像について論じる

それにしても「一として観るべき者《ママ》なし」とは。

いかにも羅山らしいモノ言いである。

細身で肌につやが無い。いつも袋に薬を入れて持ち歩いている。机上のインテリといったタイプ、しかし驚嘆すべき博覧強記。その男、林羅山は『妙貞問答』を読んだ後、先のように述べ、「大変有害な書であるから、焼き捨てなければならない」と書き残した。

林羅山は若くして家康に登用された。羅山が二十五歳の時、家康と羅山の前に朝鮮の信使が着席した。羅山は信使に「理と気は一つか、二つか」と問うた。信使は、「理は一つあるだけだ。気には清・濁がある」と答えた。朝鮮信使が退席した後、羅山は「そんなこと、自分は知っていた。思惑があって試しに問うてみたが、何も得るところがなかった」と家康に話している（『日本思想大系28』）。そういう男なのである。

「慶長丙午六月十有五日。道春及び信澄、頌遊が价《かい》によりて、意《おも》はざるに耶蘇会者不干氏がもとに到る」

羅山の『排耶蘇』はこのような書き出しで始まっている（以下『排耶蘇』の引用はすべて『日本

思想大系25』による)。頌遊(貞徳)の仲介で弟・信澄とともにハビアンと会ったということである。「意はざるに」とあるので、羅山が希望したのではなく、貞徳がコーディネートしたということになる。いや、もしかすると、それほど望んで出向いたわけでもない、というのは羅山らしいポーズなのかもしれない。キリシタンなど歯牙にもかけぬといったムードを言外に匂わせている。オレほどのものがたかだか外来の新興教団の人物に会うとは……、といったところだろうか。

部屋に招き入れられた羅山、弟・信澄、松永貞徳の一行を迎えたのは、ハビアンの侍者・守長という男であった。場にはキリシタンたちが他にも大勢いたようである。ハビアンと南蛮寺の信徒たちであった。「かの徒席に満つ」とある。そして、それぞれがそれぞれに座し、時候の挨拶をした。

まず羅山がジャブを出す。目ざとく掛かっていた聖画を見つけ、「そこに掛けてあるのは、デウスの画なのか」と問いかけた。

羅山は、なぜこんな問いかけをしたのだろうか。おそらく、羅山は「正統のキリスト教では神の図像を用いない」ことを知っていたのであろう。このとき掛けられていたのは(神の画像を掛けることは考えられないから)おそらくイエスを描いた絵画だったに違いない。この問いに対して「ハビアンの応答は要領を得なかった」と羅山は書き残している。「対語鶻突《こつとつ》」。けだし浅近を恐れてこれを言はず」、つまり底の浅いところを見せるのを恐れて言葉少なだった、ということである。ハビアンは応答を渋ったのだろうか。羅山はあらかじめ、キリシタンにおいてはデウスとイエスの関係がすっきりとしていないことを知っていたのかもしれない。キリスト教教理の特徴である三位一体がキリシタンではそれほど膾炙されていなかったことはしばしば指摘されるところである。羅山はその矛盾を突くつもりでイエスの画像について質問した、という可能性はある。

坂元正義は、羅山がマテオ・リッチの『天主実義』などの書物によって、キリスト教が偶像崇拝を否定していることを知っており、それで目ざとくイエスの画像を見つけるなり、そのことを問い質したのではないかと分析している。確かに羅山は慶長七年に長崎で『天主実義』を読んでいる（堀勇雄『林羅山』、一九六四）。ただ『天主実義』では、それほど偶像崇拝禁止が力説されていない。もし羅山が偶像崇拝について言及したのであれば、むしろ「十戒」を根拠としたのかもしれない。

この世界は球体なのか

次に羅山は置いてあった「地球図」に注目する。そして「この理不可なり」と断ずる。

「春（注　羅山）曰く、上下あることなしや。干（注　ハビアン）曰く、地中を以て下となす。地上亦《また》天たり。地下亦天たり。吾邦舟を以て大洋に運漕す。東極これ西、西極これ東。ここを以て地の円なるを知る。春曰く、この理不可なり。地下あに天あらんや。万物を観るに皆上下あり。彼の上下なしと言ふが如きは、これ理を知らざるなり。かつそれ大洋の中、風あり波あり。舟西してあるいは北、あるいは南してまた東。舟中の人、その方を知らず、おもへらく西に行くと。これを西極これ東と謂ふは不可なり」

「世界が円模《えんも》（円形）に表されておる。ならば、世界に上下はあるのか、ないのか。どうなんだ」といった調子である。この質問にハビアンは答える。「地中が下方なのである。上は天である。実は、船で東へ東へと進めば、西に至るのだ。西へ西へと進めば東へ至る。つまり、この世界が丸い証拠である」。

羅山は再反論する。

「ばかな。そんな理屈はあり得ん。万物には上下がある。上下がないなどということは理屈に合わぬ。不干殿が言う『船の実例』は、風や波によって、方角を間違えたために起こった勘違いである。どう考えても、東が西になったり、北が南になったりするはずがない。それに、なんだと。世界は丸く、地中が下方だと？　なんと悲しいことを言う男だ。朱子が言う『天半《てんはん》地下を繞《めぐ》る』を知らないようだな」、そんな記述である。

ハビアンは、「いや、南北はあるのだ。東西はない（地球儀の地軸を中心とした回転のこと）」と、中途半端な応答をしたものだから、羅山はさらに反発して、「南北あれば、東西はあるに決まっておる。また、この天球図はなんだ。中国のモノの足元にも及ばぬ。きっと、かの明国のマネでもして作成したのであろう」と述べる。

このあたり、まるで現在の超常現象肯定論者と懐疑論者のやりとりのようである。もちろん、今日の我々の眼から見れば、羅山が強弁していると感じるのであるが、この時点では、少なくとも双方が科学的理知的な応酬をしているのである。

さらに、羅山は水晶でできたような三角の物体を見つけた。それは、きれいな色彩を放っていた。プリズムである。他にはルーペもあった。羅山はこれらのモノにも難癖をつける。「およそかくの如き奇巧の器、庸人を眩惑すること勝《あ》げて計《かぞ》ふべからず。王制に曰く、『奇技奇器を作り、以て衆を疑はしむるものは殺す』と。宜《むべ》なるかな、この語」

　こんなもので一般人を惑わすとは何事か、と批判する。羅山は、後に『礼記』の「奇技奇器を作り、以て衆を疑はしむるものは殺す」という言葉を引用して、このような器具に対して嫌悪の態度を述べている。この羅山のキリシタン批判は、なんとなく現代におけるポスト新宗教批判を彷彿させる。[※1]というのも現代のポスト新宗教やスピリチュアル・ムーブメントの中にはやたらと科学（しかもかなり怪しい擬似科学）を根拠にする傾向をもつグループがある。それに対する批判はちょうど羅山のスケプティカル（懐疑論的）なポジショニングと同じである。

羅山、『妙貞問答』を読む

　羅山は『排耶蘇』の最後に、地球が球体だというのはあり得ないということに力を入れてわざわざ付言している。よほどこの説が気に入らなかったのだろう。誠に羅山らしさが出ている蛇足である。しかし我々にとって、この世界が球体かどうか、といったことは単なる知識の相違なので、この際どちらでもいい。とにかく、ハビアンも羅山も整合性をもって意見を交わしているのである。羅山の事細かい記述は貴重だ。そして、論争は宗教の体系に関わる問題へと推移する。まず、一通りの応酬が一段落したところで、ハビアンは羅山に『妙貞問答』を見せる。ハビアンは羅山に聞かせるよう、朗読もしたようである。羅山の『妙貞問答』への評価は以下のようなものであった。

「これ干の作るところなり。（……）その書、妙秀・幽貞の両尼を設け、たがひにこれを問答し、あるいは釈氏（注　仏教のこと）を論じ（十宗の外、一向・日蓮を加へて十二宗に至る）、あるひは儒道及び神道を言ふ。一として観るべき者なし。みな和語の卑俚《かい》（注　卑俗なこと）を綴りて漫《みだ》りに叫騒罵詈す。これを聞くに蚊虻の前を過ぐるが如し。あに懐に介せんや。しかりといへども聖人を侮《あなど》るの罪、これをも忍ぶべくんば、孰《いず》れをか忍ぶべからざらん。もしまたこれを以て下愚庸庸の者を惑はすときんば、罪またいよいよ大なり。しかじ、その書を火《や》かんには。もし存せばすなはち後世千歳の笑ひを遺さん」

「このような書は心にかけるまでもないが、聖人を侮る罪は許しがたい。さらに無知な大衆を惑わすことも許せることではない。焼き捨てなければ、後世の笑い者となるであろう」という評価である。すでに『天主実義』を読んでいた羅山にとって、『妙貞問答』の初学者向き解説は、つまらないものと感じられたのかもしれない。とにかく、羅山はきっぱりと『妙貞問答』を否定している。

造物主を論じる

次に羅山は、マテオ・リッチの文章を引用し、ついにかの「造物主の概念」について論争を挑む。いよいよ宗教論争の佳境だ。キリシタンの中軸部分に羅山が切り込む。

「春問うて曰く、利瑪竇《りまとう》（注　マテオ・リッチ）、『天地、鬼神及び人の霊魂、始めあり終わりなし』と。吾信ぜず。始めあればすなわち終わりあり。始めなく終わりなきは可なり。始めあり終わりなきは不可なり。しかもまた、ことに証すべきものあるか。干答ふること能はず」

「キリシタンの者たちは、この世界も人間の魂も〝始めがあって終わりがない〟と言っている。しかし、そんなバカなことはない。始めがあれば終わりがあり、始めがなければ終わりもない、それが真っ当な話である。始めはあるが、終わりはない、などということは不可である。そもそも、不干殿、それを証明できるのか」と一気に詰め寄った（ことになっているが[※2]、何分この対決は羅山側にしか記録が残っていないので、実際にこのような調子だったかは定かではない。ここに記されているのはすべて羅山の言い分なのである）。羅山は続ける。

「春曰く、天主、天地万物を造ると云々。天主を造る者は誰ぞや。干曰く、天主始めなく終わりなし。天地を造作と曰ふ。天主を始めなく終わりなしと曰ふ。かくの如きの遁辞、弁ぜずして明らかなるべきなり」

つまり、「天主（注　デウス）が天地万物を造ったなどと言っておるが、ではその天主を造ったのは誰なのだ？」と詰め寄る。これぞ、キリシタン伝来以来、ずっと取り沙汰されてきた質問である。この問いに答えずして、当時の日本人に「絶対」を理解させることはできない。ハビアンは、「いやいや、天主さまこそが、始めもなく、終わりがないのだ。そして天地造作（注　天地創造）されたのである。この天主さまこそ、まさに始めなく終わりのない存在なのである」と応答する。

ハビアンは「絶対」の概念を説こうとしている。羅山は、この説明に対してどう反論したのだろうか。それは記載されていない。羅山は、「こんな逃げ口上は論じる価値もない」として、結局、ハビアンはこの問いに答えることができなかった、と書き残している。ハビアンがこの質問に答えられないとは思えないが、少なくとも羅山を納得させる結果とはならなかったのである。

〃神〃と〃理〃、どちらが先か

　そこでさらに羅山は続ける。羅山はこの造物主と〃理〃との関係を問うのだ。朱子学者としては当然気になる部分である。

「春曰く、理、天主と前後あるか。干曰く、天主は体《たい》なり。理は用なり。体は前、理は後なり」「理と天主の前後はあるのか？」。この「理」とは、前述したように朱子学でいう「存在の原理」であり、また「宇宙の本体」だとも言える。朱子学では、「理」と「気（すべての現象）」によって、万物を説明する。

　ハビアンは、「天主さまは〃体〃である。〃理〃は〃用〃なのだ。理よりも体が先んずる。だから、天主さまが前、理が後となる」と応答した。羅山は、目の前にあった器を指差し、こう言う。「器のように形を表したものが〃体〃というのである。しかし、この器を成り立たせている所以が〃理〃なのだ。つまり、貴殿が言う天主というものを成り立たせているのも〃理〃だ。だから、〃理〃が前で、天主が後と考えるのが正しい」、という羅山に対してハビアンは（羅山の表現によれば、理解できずに）、「いやいや、そうではない。例えば、ローソクに火を灯したとしよう。その場合、『ともし火』は〃体〃、つまり現象である。この現象を成り立たせている『光』が〃理〃であろう」と応答している。羅山は、「それは間違いである。ともし火のともし火たる所以が〃理〃なのであって、『光』は〃理〃ではない。光は光という現象なのである」と語る。ハビアンは、「では、こう考えてみましょう。ここに器がある。そして、この器を作ろうという思いの起こるところが〝理〟なのである。しかし、器を作ろうという思いが起こる以前の状態は？　それはもはや無想無念だ。そこには器も器を作ろうという思いも無い。その状態が〝体〟なのだ。だから〝体〟が先にあり、〝理〟が後になる」と説明する。

「不可なり」と羅山は返答したようである。羅山はこの「理と体」の問答に関して、終始ハビアンはこちらの言うことを理解できなかったと書いている。羅山は「無想無念の話などしておらぬ。今は〝理〟と〝天主〟のことを論じておる。いや、無想無念の状態だとしても、そこにも〝理〟は存在しているのである」と結論づけた、そう書いている。

どうも、読んでいて、どちらもすっきりしないディベートを展開している。その場に居た者たちも同様に感じたのであろう。このとき、松永貞徳が、笑いながら間に入ったようである。「頌遊笑ひて曰く」とある。傍にいた貞徳が一旦仕切り直しすべきと判断したのだろう。

体・相・用

とにかく、宗教の体系に関わるやりとりでありながら、二人の話がどうしても嚙み合っていない（嚙み合っていないからこそ「神と理の前後関係」が余計に興味深い）。羅山は、朱子学に立脚して「理と体（あるいは気も含んで）」で話を進めようとしている。これに対し、ハビアンは「体・相・用」という「三大」の理念を使って「体と相」を説明し、さらには「神」がすべてに先立つことを語ろうとしている。しかし、羅山は羅山で、「理」こそがすべてに先立つという朱子学の言葉で語ろうとする。対話が成立していないのだ。

『排耶蘇』の文章では、終始一貫して「ハビアンは理解できずに的外れな応答をした」という文脈になっている。しかし、仏教思想における「体・相・用」を羅山は理解していなかったと言わざるを得ない。ハビアンは一応「体・相・用」を把握している。

仏教において「体・相・用」という「三大」は、さまざまな場面において活用される。「三大」とは、『大乗起信論』などで語られる「体大」「相大」「用大」の三つの理念である。体（大）とは本体、相（大）とは現象、用（大）とは働きである。三大は、世界を説明する場合にも、悟りを表す場合にも活用される理念である。もちろん、ハビアンは禅僧出身であるので、このことは学んでいる（また、羅山も十三歳から建仁寺で学んだ男だ。三大は知っていたはずであるが……）。ハビアンにとっては使い慣れた理念であったろう。『妙貞問答』の「上巻」には、華厳宗における「事（現象）」と「理（真理）」と「相」について語っており、また「中巻」では、「太極」「事」「理」「気」「性」について詳述しているのである。

ただ、羅山の語る朱子学で言うところの「理」と「気」をハビアンもきちんと理解できていないのだ。朱子学で語るならば、「無想無念の状態だとしても、そこにも〝理〟は存在している」と主張するのは当然だ。やはり思想研究者の友枝龍太郎が指摘したように、ハビアンは朱子学の理気論を他宗教の言説と混同している（友枝、前掲書）。羅山もハビアンもそれぞれのフィールドでテクニカルタームを使うものだから議論が嚙み合わないのである。

両者の著述から確認してみよう。まず『妙貞問答』の「中巻」には以下のように述べている。「天地ニ備ル事理ノ二ツガ和合シテ、人畜草木トモナルニ、理ハ物ニ稟《うけ》テ、是ヲ性ト云イ、事ハ物ニ稟テ、是ヲ気質ト云。理性《りしやう》ニ隔ハナケレトモ、事トナル気質ノ不同アルカ故ニ、人物貴賤ノ隔テアリ。朱子カ大学ノ序ニモ、『蓋《けだし》、天、生民ヲ降シテヨリ、既ニ是ニアタウルニ、仁義礼智ノ性ヲ以テセスト云コトナシ。然トモ其気質ノ稟《うく》ルコト、或ハ斎（斉）キ事アタハス。茲ヲ以テ皆其性ノ有スル所ヲ知テ、是ヲ全スル事有事アタハス』ト書《かけ》リ。（……）天地ニ有テハ理ト云イ、人ニ有テハ心《しん》ト云イ、物ニ有テハ性ト云」（「儒道之事」）

「儒教では、すべてが事と理が合わさって成立していると考える。だから人も動物も草木も根源は同じということになる〔ここがキリシタンと全く違うところだ〕。本性である〝理＝性〟は万物変わるところはないが、性質である〝事〟はそれぞれ違う。だから人間にも貴賤の相違がある。朱子は『天は人間に仁義礼智の〝性〟を与えた。でも性質によって人それぞれなので、わかっている人もいればそうでない者もいる。だから皆しっかりと〝性〟を学んで生きるべきだ』と書いている」

ここでハビアンが語っている事と理と性は朱子学に沿っている。またハビアンは、「上巻」においても華厳哲学における事理を解説している。

「現象である〝事〟と、実相である〝理〟は一体である。円融とは、〝事〟と〝理〟とがひとつであることをいう。さらに言えば、それぞれの現象同士も融合し合っており、すべては妨げ合うことなく調和していると説く」

さらに、相には六つの義（物・別・同・異・成・壊）があって……、と詳述している。華厳では相は六つに分類することができるが、一口に言えば「現象」のことであるとハビアンは解釈している。

一方、羅山は、『三徳抄』「理気弁」において、『易経』を引用し、以下のように記述している。

「夫《それ》、天地ヒラケザルサキモ、開ケテ后《のち》モ、イツモ常ニアル理ヲ大《（太）》極ト名ヅク。此《この》大極ウゴイテ陽ヲ生ジ、静ニシテ陰ヲ生ズ。（注　太極が二つに分かれれば陰陽。五つに分かれれば、木火土金水の五行となる。この五行が集まって人などの形が出来ている、という説明が続く）其《その》ウゴキハタラクモノヲ気トナヅク。此《この》気ノ中ニヲノヅカラソナハレルモノハ、理也。是レ則チ大極也。コレヲ道トナヅク。

此理ト気ト相アフテ、形ノ主タルモノヲ心トナヅク。此心ト云モノハ元来《モトヨリ》太極ノ理ナレバ、天ト同ク虚空ノ如クシテ、色モナク声モナシ。タヾ善バカリニシテスコシノ悪モナキ也」

「この世界が誕生する以前からも、誕生して後もずっと働いている原理を〝理＝太極〟と言う。太極が動けば〝陽〟、静かならば〝陰〟である。その働きを〝気〟と言う。その〝気〟の根源を〝理〟と言う。〝理〟は太極のことである。〝理〟と〝気〟が合一するのが心である。この心は〝理〟と同じで、色も形も無いものである。本来の心は善である」

この羅山の文章を見ると、仏教の三大と対応した理気論であることがわかる。理は体であり、気は用であり、相が五行である。

著述においては、ハビアンにしても、羅山にしても、現象と本質への概念はほぼ共通しているのである！　では、なぜ、対面時にこれほど話がちぐはぐになってしまったのか。

考えてみれば、あり得ることである。ハビアンが聴衆（その中には教え子も多くいただろうし、またハビアンの上司もいたかもしれない）を意識したという要因もあったかもしれない。羅山一行の挑戦的な態度が露わだったのかもしれない。また、唯一神の存在に関わることであるから、宗教体験や文化など何らかの共通基盤がない限りどうしても嚙み合った対話にならないという面もあろう。

とにかく、このことからも羅山はキリシタンの上げ足を取り、論破することを目的に登場したことは確かであるように思われる。だからこそ、あらかじめ『天主実義』を読んでおくなどの準備も怠らなかったのである。

対決の終りに

その時、天候は突如として暴雨疾雷。激しい雨音と雷鳴が轟く。この時代における最高の宗教論争に、天候も演出の一役を買ったかのようなムードである。ディベートの場は、依然として高い緊張感を維持したままだ。

さて、この緊張感を緩和するかのように、羅山が一時退席した。トイレにでも行ったのかもしれない。羅山が中座している間、ハビアンは非常に不愉快そうな態度であったと記されている。不機嫌になったハビアンはこう述べた。

「儒者の太極論はキリシタンの天主さまに及ばない。天主さまのことに関しては、あなた方のような若輩にはなかなかわからないものである。しかし、私は太極について熟知している」

このハビアンの言葉に、羅山の弟である信澄が噛みついた。

「それは高慢な言い草である。太極は、あなたが簡単にわかるようなものではない」

信澄に言われて、ハビアンは怒って黙りこくってしまった。『排耶蘇』にはそう記載されている。

座に帰ってきた羅山は、「議論の際には、一方の理屈が通らなければ、必ずもう一方の理屈が通るものである。勝負を争えば、怒りや嫉妬が表情に出たりすることもある。しかし、これはお互いに気分が悪くなるだけだ。慎むべきであろう」とハビアンをたしなめたと言う。

このようなやりとりをしている間に、いつしか空も晴れわたっていた。羅山たちは、その場を辞した。ハビアンは、わざわざ表まで出て、三名を丁寧に見送ったのであった。

羅山、一方的に勝利宣言

以上がハビアンと羅山との対決の一部始終である。ただ、繰り返すが、これは羅山の一方的な言い分である。羅山の性格からして、あまり自分に不利な描写をするとは思えない。多少、割り引いて読まねばならない。

羅山の書きぶりでは、終始羅山が論理を展開し論破しており、ハビアンは要領を得ず羅山の理論を理解できずにとんちんかんなことを言うのみ、といった体である。また、この論争は羅山の一方的勝利に終わった、と考える研究者も多い。

例えば、坂元正義は、ハビアンと羅山の対決は、完全に羅山の勝利であったと判定している。その理由として、
①この対決後、羅山は自信を深め幕府で活躍、排耶蘇の生活を一層強めた。これに比べて、ハビアンの方は翌々年に棄教している。対決の勝敗が二人の将来を分けることとなったのではないか。
②羅山の方はこの対決を『排耶蘇』という書物を著してまで残しているが、キリシタンサイドにはこの記録が一切ない。つまりキリシタン側にとっては、それほど好ましい対決ではなかったのではないか。
③対決の終盤、ハビアンが不機嫌だったという記述は、論争に敗れたことを象徴している。羅山はあらかじめマテオ・リッチの著作などの下調べを行い、質問や討論の準備をしていたので、ハビアンに勝ち目はなかった。
そう坂元は述べている。坂元が挙げるいくつかの傍証は、整合性がある。

しかし、ハビアンの方においても、その後に著した『破提宇子』で、羅山との討論で提出された内容を全く援用していない。このことは、羅山が論破したつもりの理路は、ハビアンの心を揺さぶるものではなかったことの傍証、とは言えないだろうか。もし羅山の言説がキリシタンの痛いところを衝くほどの切っ先を持っていたのであったのならば、その後キリシタンの論破を企てる『破提宇子』に反映されてもよさそうなものだと思うのだが。

とにかく羅山の『排耶蘇』のおかげで、ハビアンの人柄の一端をうかがい知ることができた。討論中には感情を露わにし不機嫌な様子も示すが、羅山たちを丁寧に迎え、また彼らが教会を辞

す際にも実に礼を尽くして送り出している。個人的な感性で言わせてもらえば、このようなハビアンの人となりは、著述から受ける印象と一致するように思えるのだが。いかがだろうか。

史上稀有な宗教論争が終わって……

一五四六年、マラッカにおいて薩摩の人・ヤジロウに出会ったサビエルは、「もし私がキミとともに日本へ赴いたら、日本人はキリシタンになるであろうか」と問うと、「日本人がすぐにキリシタンになることはない。まずは納得するまで多くの質問をするだろう。そしてなによりも、キリシタンにおいて説かれる教説と生活が一致しているかどうかを検討するであろう」とヤジロウは答えている（海老沢『日本キリシタン史』）。

また、サビエルはロヨラ宛の書簡で、

「〔日本に来る宣教師は、〕深い経験と、内的な自己認識の出来た人であること、そして日本人のする無数の質問に答えるに足る学識を持つことが必要である。パアデレらはすぐれた哲学者であることが望ましい。また日本人との討論において、その矛盾を指摘するために、弁証学者であれば、さらに良い。また宇宙現象のことを知っていれば、なおさら結構である。何故なら、日本人は、天体の運行、日蝕や月の盈欠の理由などを熱心に聞くからである」（同書）

この書簡の記述でもわかるように、日本におけるキリスト教伝道は、当初から科学知識と二人三脚で提示される戦略がとられた。そして、そのことに対して羅山はある種の胡散臭さを感じとっていたのであろう。ハビアンとの対面においても、目ざとく地球図を見つけてそこに引っかかっていこうとする態度などにもそれをうかがうことができる。プリズムを見つけて、羅山が「そういうキテレツなもので人を驚かせてはいかん」というのも同様である。

当時、キリシタンには、怪しげなるトリックを使う宗教集団といった偏見もあったようだ。例えば、『吉利支丹物語』には、「奇術を教えける。枯れ木に花を咲かせ……」などと記されている。つまりキリシタンによる科学的知識との抱き合わせ伝道という戦略は、かえってキリシタンを怪しげな宗教だと解釈する人たちを生み出す場合もあったということだ。そして羅山はその典型的な人物だったのである。現代においても、最新の科学的知見を強引に自教義の正当化に活用する教団がいくつかある。いくら科学的知見が正当なものであっても、それが宗教教義を裏付けるものとはならないのだ。むしろ余計に胡散臭く感じたりする。この点では、羅山の宗教的感性はなかなかのものだと思う。

さて、その後の歴史を見てみると、このハビアンと羅山の宗教論争は貴重なものであったことが知られる。既述のように、この後は、神道、仏教、儒教の各宗教はそれぞれの役目を担うような棲み分けや融合への方向に進むからだ。最澄と徳一の『三一権実諍論』や、法然と天台碩学の『大原問答』などのような、宗派を基礎づける大きな問答が行われることはほとんどなくなる。しかし、戦国時代や安土桃山時代においては、キリシタンと仏教や儒教の論争が盛んであった。キリシタン側の資料においても、仏僧や儒学者との論争は、数多く記録されている。

ハビアンと林羅山の対決は、異宗教間が向き合った例として特筆すべき出来事であった。両者とも、実りあるディベートとはならなかったと感じて終了したと思われるが、お互いの理念や定義が噛み合わないあたりなど、かえって興味深い。このような噛み合わなさこそ、宗教を比較研究する手がかりなのである。

ハビアンと林羅山のような直接対決が、一方だけであるにせよ、やりとりが記録されていたことは、当時の宗教観や生命観や世界観を知る上で貴重なことである。

対談後は、およそ共通点の少ない人生をそれぞれ歩む。しかし、仏教と深く関わりながら、仏教を厳しく批判したという点では共通している。

ハビアンはおそらく建仁寺か大徳寺、林羅山は建仁寺で修養していた。当時の最新思想であったキリシタンと朱子学、その先端を走ったハビアンも羅山も（その師である藤原惺窩も）、臨済宗の出身というのもなにやら暗示的である。

ハビアンは羅山と対面した二年後、突如としてキリシタンを捨て、女性とともに行方をくらませている。晩年に著されたキリシタン批判書『破提宇子』に、「一旦豁然として」キリスト教の邪なることを知って門を出た、と述べるのみである。

ハビアンは林羅山になんらかの影響を受けたのだろうか。ハビアンは羅山のことを何も書き残していないが、その後の著作である『破提宇子』からは羅山の影響を読み取ることは困難である。

ハビアン、脱会と棄教の謎

都のキリシタン教団の中でリーダー的存在となったハビアンは、ひとりのベアタスとともに姿を消す。『妙貞問答』を著した三年後、羅山と対面した二年後である。

なぜハビアンはキリシタン信仰を捨てたのか。いや、イエズス会を「脱会」したものの、それが即「棄教」とは言えない。ひょっとすると脱会と棄教を分けて考えねばならないのかもしれない。そう考えるべきだと言い出したのは新村出であった。新村は、ハビアンが『破提宇子』でも「ハビアン」という署名を使用していることに注目し、脱会はしたが棄教はしなかったのではないかという仮説を提示した。

そう言えば、ハビアンはイエズス会脱会後にドミニコ会やフランシスコ会を擁護する立場に立ったことがある。一六一九年におこった「アントニオ村山当安処刑事件」である。長崎代官であった村山当安（東庵、等安とも。一五六二～一六一九）は、後任の代官である末次平蔵（この末次平蔵も元キリシタンだった）にキリシタンだと訴えられる。村山当安は罷免された上、流罪になっている。さらに当安の息子がドミニコ会の宣教師を匿っていた事がわかり、当安はついに江戸で斬首となる。この一連の事件で、ハビアンは常に当安の弁護をしていたという。つまり反イエズス会という立場にポジショニングしたのである。[※3]

ひょっとするとハビアンはイエズス会に反発したのであって、新村が言うようにキリシタンの信仰は維持されていた面があったのだろうか。

当時のイエズス会でも、そのあたりは不明確だったようで、一六一六年三月二十日、準管区長代理ロドリゲスの書簡によれば、脱会はしたが棄教したとは明記されず「棄教したものと思われる」といった慎重な表現となっている。しかし、『破提宇子』を発表後の手紙（一六二一年、管区長コウロスがイエズス会総長に宛てたもの）では、「脱会後、ただちに棄教した」と書いている。脱会後のハビアンの行動で、棄教を確信したのだろう。

とにかく、脱会及び棄教についての分析にはいくつかの説があるので列挙しよう。

「不平不満」説

姉崎正治は、ハビアンが脱会・棄教した時期にあたる慶長十二年から十三年はキリシタンにとって安定期であるので、決してキリシタンへの外圧がその原因ではないと述べている。そして姉崎は、『破提宇子』の文章から「教団の人事のあり方に不満」と推理した。『破提宇子』には、「日本に来ている宣教師は修道士を教育することをローマ教皇から命じられておりながら、日本人にきちんと教義を伝えようとしない。だから、日本人イルマンは不満をもっている」「慢心は諸悪の根元であり、謙遜は諸善の基礎であるから謙遜を専らとせよと、宣教師たちは人には勧めるけれども、生まれつきの国の風習なのであろうか。彼ら伴天連の高慢は天魔も及ぶことができない」と宣教師への批判が述べられている。とにかく外国人宣教師の傲慢ぶりに我慢がならないといった感じである。

ハビアンは教団の理論的支柱となって活躍していながら、イルマン（修道士）のままであった。結局、パードレにはなれず仕舞いだった。このあたりに不満があったのだろうと姉崎は述べている。特にスピノラの赴任は大きな要因となったのではないかと推理している。ハビアンがリーダー格となっていた京都の教会へとスピノラは赴任してきた。スピノラはハビアンと同年代であり、しかも本格的な科学者だった。姉崎はこのような人事を「教団の手落ち」と評した。

井手勝美や坂元正義も同様に『破提宇子』の文章に注目している。井手はイエズス会内部における日本人イルマンや同宿に対する差別待遇、および司祭職叙階の禁止が決定的な動機だと述べている（『キリシタン思想史研究序説』）。

また、坂元は当時のキリシタン教団事情を検討し、ハビアンが仏教批判の詰め腹を切らされるなどの仕打ちに遭ったのではないかと推理した。坂元は、ここ一番の宗教儀式時にはハビアンが説教をしていることから、当時のキリシタン教団にとっては最高の人物だっただろうと述べている。しかし、一六〇六年の「マグダレーナの葬儀（マグダレーナは京極マリアの三女で、朽木宣綱の妻と言われている。生涯信仰篤いキリシタンであった。夫はキリシタンではなかったが、母マリアがどうしてもキリシタンによる葬儀を望んだようだ）」での説教でハビアンが行なった仏教批判は予想以上に仏僧の反発を招き、仏教側の厳しい抗議を受ける事態となる。結局政治的に決着することとなるのであるが、イエズス会のために矢面に立ったハビアンは、ひとりで責任を背負わされる格好となったのではないか。ハビアンは、忍従し続けたが、それでもパードレに昇格できないことが判明し、結果、脱会・棄教へと走った可能性を坂元は示唆している。

キリシタン研究者のチースリクも、脱会・棄教の理由は「自分の扱いに対する欲求不満」だとしている。そして、ハビアンが後に修道女と「駆け落ち」していることから考えて、女性問題がハビアンの昇進を妨げていたのではないかと推理している。

とにかく、ハビアンが教団や外国人宣教師を批判していることは確かである。そして、ハビアンが自尊心の強い男であったことも間違いないだろう。ハビアンの自負は著作の行間からも窺うことができる。そういう人物が、人を人とも思わないような扱いを受け続ければ脱会の決意へと至るのは必然である。となると、やはり脱会と棄教は同時だったのではないだろうか。高い自尊心をもった修道士が女性と脱会するという行為を選択するのは棄教の決意なしには成立し得ないと思う。

「信仰浅薄」説

海老沢有道は、ハビアンの「脱会」「棄教」は、要するに信仰が浅薄だった結果だとしている。なにしろ、『妙貞問答』には、キリスト教最大の特徴のひとつである「三位一体説」さえ述べられていないのである。『妙貞問答』を一読すればわかるように、そこに書かれている内容は誠に概説的である。そういう意図で書かれた本だから仕方ない部分もあるが、それにしてもその文章から宗教心を感じることはない。どこか第三者が各宗教の特徴を述べている雰囲気である。ハビアンの信仰が浅薄だったという見方は、遠藤周作も述べている。

また、第一章にも述べたように、三浦朱門は、ハビアンの棄教は、日本人インテリの典型だと言う。つまり、ハビアンにはきちんとした信仰があったわけではなく、新しい科学を学んだインテリにすぎなかったというわけだ。

こうしてみると、クリスチャンの論客は「信仰浅薄」説に立脚する傾向にあることがわかる。三浦のように「転向」という表現を使う裏には、信仰が確かならば棄教するはずがない、といった思いが秘められている。鶴見俊輔が『転向研究』の中で、転向という言葉は体制側から考察した現象を示しており、その当事者にとってどれほど自発的な動機であろうともどこか屈辱的な情緒を伴っている、といった意味のことを語っているが、この場合も当てはまっているかもしれない。

またしばしば「信仰浅薄」説と抱き合わせて語られるのが「恋愛」の問題である。結果的には、信仰を捨てて、ひとりの女性と共に生きることを選んだ、といった形なのだから。あるいは、ハビアンはベアタスとの恋に落ちて、その恋を成就するために棄教したと考えるならば、「恋愛」説という別項目になろうか。ずいぶんロマンチックな話である。とにかく、ハビアンが一ベアタスとともに脱会したことだけは間違いない。また、この女性がハビアンの棄教に何らかの影響を与えたことも確かであろう。このことは、ハビアンを、「知の人ではあっても、遂に信の人たり得なかったのではないか」と評した井手勝美も、女性問題が謎を解く鍵のひとつと述べている（前掲書）。

ちなみにハビアンとこの女性は残りの生涯をずっと共にしたわけではなく、またそれぞれの道を歩んだという説が有力である。

「思想転向」説

哲学者・三枝博音は「ハビアンは〈創造者を第一義とする宗教〉と〈無常・空に立脚する宗教〉との相克を表現した」と述べている（『西欧化日本の研究』、一九五八）。確かにそう考えると、世界宗教思想史上におけるハビアンのポジションが浮かび上がる。

三枝のハビアン論の特徴は、「棄教というよりも、一知識人・一自由人の転向である」と考え、ハビアンはキリシタンから元の禅仏教の立場へと戻ったとするところにある。また、『破提宇子』よりも『妙貞問答』のほうがはるかに思想的迫力ありと考えるところも三枝の特徴である。同書では以下のように述べている。

「私たちは『妙貞問答』と『破提宇子』の著者の宗教的体験に、この意味で深い関心をもたないではいられない。（……）ここですぐ問題になるのは、もとに還ったその理由が十分に出ているべき『破提宇子』の内容が、思想表現の論理においてもその迫力においても、最初のコンバージョン（注　回心体験のこと）の旗印である『妙貞問答』のそれにはるかに及ばぬことである」

三枝はその理由として、「ネガティーヴなものの上に立って（仏教の空観論理のこと）、ポジティーヴなものを（キリスト教と西欧思想の論理のこと）を論破することが、想像以上に困難であったからであろう」としている。『破提宇子』よりも『妙貞問答』を高く評価する立場は、山本七平も含めて多くのハビアン研究者に見られる傾向である。その根拠として常に挙げられるのが「『妙貞問答』と『破提宇子』とがほぼ同じ構造（なので、思想的信仰的深まりが見られない）」というものである。

また、三枝は、ハビアンが提示したような相克はハビアン以降も多くの人々が体験してきただろうと語り、その相克が調和されたひとつの事例として無教会主義クリスチャンの内村鑑三を挙げている。

「そもそもそういう宗教者」説

山本七平は、ハビアンの年齢から考えて「出世できない不満」説を退けている。「出世」を望むような男が、人生五十年と言われた当時、四十歳を超えて新しい一歩を踏み出すことは考えられない、と述べている。山本は、ハビアンの脱会・棄教を「第一戒律との相克」と考える。「第一戒律」とは「十戒」の第一番目である「デウス唯一を信仰する」を指す。確かにハビアンは『破提宇子』の中で、「唯一にして絶対なる神への違和感」について言及している。

山本のハビアン観の特徴は、ハビアンを「転向者」として見ていないところにある。山本によれば、ハビアンは終始少しも変わっていないというのである。「ハビヤンは、最初仏僧になり、ついでキリシタン修道士となり、最後はまるで儒教的道教的思想家のようになった人物であるが、その態度は終始一貫して一種の『個人主義』であり、ある意味での求道者であった」と述べている（『日本教徒』）。

ハビアンは、①個人における宗教選択の自由。②現世の安穏を乱す思想およびこの思想に基づく行為の排撃。という二つを自身の柱として生きた。ハビアンにとって、宗教は「方法論」であり「手段」なのである。

また、坂元正義もハビアンの自由知識人としての性質に注目して、脱会・棄教は「個人的な資質」にも大きな要因があっただろうとしている。やはり坂元も、ハビアンはそういう男なのだ、といった感をもっているようである。坂元正義は、ハビアンは自由人であり、権力にもすり寄らず、忍従生活から恋愛をバネに自らを解放した知識人であった、と高く評価している。坂元がハビアンの人生から読み取ったものは、その自立性・自覚性であった。

「ファビアンは、脱会・棄教によって、みずからを教団から解放し自由人となった。そこには、ローマン・カソリック教団という、当時、世界最大にして唯一の世界システムに従属した日本人一知識人の自覚的行動軌跡がある。その行動は、個人的スケールなるがゆえ歴史の陰に抹殺されかねなかったが、世界システムへの日本人による明らかな意識的反乱であり、内部告発であった。それは、外国伝来思想を内的体験した日本人にして、はじめて到達しうる自主独立路線の宣言というべきものであった。そこに、ファビアンの脱会・棄教を単なる個人的行動の枠を超えたものとみ、思想的混乱に一つの画期的契機を与えたとする知識人的な思想転向の意義がある」(『日本キリシタンの聖と俗』)

坂元の視点や評価は、三浦や遠藤のようなクリスチャンの眼から見たハビアン像とは大きく相違していることがわかる。

姉崎正治も、ハビアンの気質にも要因があったのではないか、と見ている。ハビアンは篤厚というタイプではなく、あきらかに才気溌剌であり、ハビアンの高慢と他者の高慢とが衝突しがちだったのではないかと想像している。

ハビアンは禅仏教の所化でありながら寺院を飛び出し、その後仏僧の在り方を厳しく批判した。そして大勢の仏僧を前にして、公然と「もし私の言っていることが間違っているならどうぞ堂々と反論してください」と演説するような男であった。そして今度は、(仏僧とは別種の問題点ではあるが)パードレたちの在り方にも我慢ならなくなったのである。

キリスト教国への不信

少々大雑把に各氏の視点を分類したが、もちろん諸氏はそんな単純な語りでこの問題を捌いているわけではない。各氏それぞれ、複合的な要因を挙げている。中でも、井手勝美や坂元正義はキリスト教国による「日本征服」説の影響についても言及している。「キリシタンによる日本征服」説は、当時から取り沙汰されていたようだ。もちろん、サビエルなどにそのような意図がなかったことは間違いない。キリスト教の本国側に言わせれば、見当はずれな批判だと反論したいところであろう。しかし『破提宇子』でも、キリシタン諸国が日本を狙っているという評判について記述されていることに関して、かなり敏感に反応していることは確かである。以下に挙げたコウロスの手紙からもそれを読み取ることができる。

この問題については、ハビアンはイルマン時代からすでに意識していた。『妙貞問答』には、妙秀「キリシタンを広めるのは、日本を謀って奪おうとする謀略ではないか」、幽貞「キリシタンの国は、はるかはるか遠く、とても軍勢や糧を運んで戦うことなどできません。それに日本は他国に侵略されるほど弱い国でもありません」といったやりとりが書かれている。このような文章を書いていたハビアンが、教団不信からキリシタンを取り締まる側へと転身したのである。あたかも内部告発的破壊力があったに違いない。

ハビアンは棄教後、トマス荒木と共に行動している。一六一九年、ハビアンと長崎奉行の長谷川権六とトマス荒木の三人は江戸から長崎に下向したことがイエズス会のバエサ神父の書簡から判明しているのである（井手、前掲書）。トマス荒木もキリシタンの背教者であった。この男はローマに留学して司祭に叙階された人物である。しかし、マドリッドへ行った際、政治家と修道士が、日本をスペイン国王とローマ教皇の支配下におくべきだと討議しているのを聞いて激昂している。そして、帰国後はそのことを人々に知らせる活動をしている。ハビアンもトマスからこのことを聞き及んだことだろう。

日本管区長コウロスは、「この地獄のペスト（注　『破提宇子』のこと）はおそらく上（注　京阪地方）においても蔓延しているものと思われます。（……）天下の諸領主がデウスの教えは日本を征服するための手段であると考えるに至った諸理由を猊下（注　総長）が根本的に御理解下さるよう」という手紙をイエズス会総長に送っている。いかに『破提宇子』の説得力を怖れたかがわかる。ただ、『破提宇子』においてもハビアンは、日本が簡単に侵略されるとは思えない、としていることから『妙貞問答』著述時の意見とそれほど大差はないのである。ハビアンは「日本ノ風俗」（『破提宇子』）があぶない、そう感じ取ったのだ。日本の伝統的生活様式と価値体系そのものを破壊する力がキリシタンにはあることを熟知していたからである。ハビアンは当時そのことがクリアに見えていた数少ない人物のひとりだったのだ。

閉塞状況からのブレークスルー

さて、筆者の個人的な印象から言えば、チースリクや井手勝美が言うように、「教団の扱い」と「女性問題」がハビアンの棄教の主要因ではなかったかと思う。『破提宇子』には、外国人宣教師への非難とともに、パードレの独身を貫く態度も批判している。ハビアンは、キリシタンの人間観や価値観に対しても違和感があったのかもしれない。

ただ、ハビアンの脱会・棄教には、それだけではない何か、例えば禅僧特有のダブルバインド状態をブレークスルーする「一歩」を感じるのである。

ハビアンが修行した臨済宗では、「公案」を使った参禅をするところに特徴がある。「公案」とは、師匠から弟子へと出す課題であり、祖師や禅師の言動や逸話である。公案のテーマは千七百を越えると言われ、これを手立てとして、何度も何度も火花が散るような問答を繰り返しながら導かれていくのである。ハビアンは『妙貞問答』で「本来無一物」「祖師西来意・庭前の柏樹子」「即心即仏」など、いくつもの「公案」を語っていた。ハビアン自身も「公案」による自己の参究を実践したことだろう。「公案」は、「隻手の音声《おんじょう》（片手の音を聞け）」や「父母未生以前（お父さんお母さんが生まれる前の本当のお前はどんなものなのか）」などと、知性や理性では応答できないものばかりである。「公案」は相手を何重にも拘束して一歩も動けなくしてしまう力がある。師は意図的に弟子を縛ってしまうのだ。そして、その縛りをブレークスルーする一歩を踏み出す力を養う。

文化人類学者のグレゴリー・ベイトソンは、別々の方向へと引っ張るメッセージが同時に発せられた場合、人はどのメッセージに反応したらよいのか混乱してしまい、立ちすくんでしまうという有名な「ダブルバインド理論」を展開した。例えば、子供の頃からこのような状況にたびたび立たされると、分裂症傾向（現在で言う統合失調症傾向）になってしまうと言われている。母親が口ではあなたを愛しているというメッセージを発しながら、身体的には拒否するようなメッセージ（子どもに触れると身を引く、子供と視線を合わせないなど）を同時に発していると、その子はダブルバインド状態に陥ってしまうのである。背反するメッセージを同時に発せられれば、人に悪影響を与えるというのがベイトソンの知見だ。

ところがベイトソンの説を精読すれば、「無自覚でダブルバインドを仕掛けるのがよくない」と言っていることに気づく。彼は「自覚的なダブルバインドは人間の精神を劇的に成長させる場合がある」とさえ語っている。そして、その好例として、なんとベイトソンは「公案」を挙げているのである。確かに「公案」は「意図的なダブルバインド」であり、ダブルバインドの機能を見事に活用していると言える（ベイトソン『精神の生態学』、二〇〇〇）。

ハビアンは、信仰問題や教団内問題や女性問題など、何重にもバインドをかけられた状態に陥り、そこを突破したのではないか。そして、それは臨済禅でつちかわれたハビアンの反射能力ともいうべき身の処し方だったのではなかったか。

クリスチャン・ハビアン

さて、第一章でも取り上げたが、日本管区長であったコウロスが、ハビアンは今から十三年前のことですが、イルマンであった当時、我々の隣家で共同生活をしていた数名の都《ミヤコ》のベアータの一人と共にコンパニアを脱会し、その時から直ちにキリスト教の教えを棄てました」という手紙を残している。コウロスは、脱会即棄教と判断していたのである。この判断が間違っていなかったとするなら、ハビアンはイエズス会教団への不信がそのままキリシタンへの背教に直結したこととなる。

しかし教団への不信がそのまま棄教につながるというのは、やはりカトリシズム的信仰だなぁと感じる。これがプロテスタントであれば、教会を離れても個人の信仰が成立するが、カトリックでは教会に所属することと信仰とが（特にこの時代では）大部分重なってしまう。

つまり、先ほどハビアンの禅僧としての反射能力をあげたが、こと「信仰構造」に関して言うならば、やはりハビアンは「キリシタン信仰の人」だったと言わざるを得ない。考えてみれば、なぜハビアンのような、深く教団にコミットしながら、その宗教を相対化するという人物が誕生したのか。社会的要因や個人的要因、他にもいくつかの複合的要因があるだろう。しかし、最も大きな要因はキリシタンの教理そのものにあったとは言えないだろうか。キリシタンという魅力的な宗教体系がなければ、ハビアンの宗教性は育たなかったことは間違いない。ハビアンのように才気溢れた人物は、知性でとことん問い続けてもビクともしないほどの鋼のような宗教理念と、整合性の高い情報をもっていなければ身も心も帰依することはできないだろう。またハビアンの知的好奇心を満足させるほどの新しさ、自然科学の知識、絶対の概念、倫理性、どれをとっても当時の日本において、キリシタンを上回るものはなかっただろう。

キリシタンは、それまでハビアンのまわりにあった宗教体系のすべてとがっぷり四つに組めるだけの強靭さを有していた。キリシタンの教理を深く学ぶことでハビアンは宗教を批評していく手順を身につける。そしてその手順はどのような宗教を語るのにも活用できる汎用性の高いものだったのである（その汎用性を極限まで広げたのはハビアンの能力なのだが）。そしてその手順をもって、最後にはキリシタンの相対化を成し遂げるのである。ハビアンに宗教を解読するツールを与えたのは「キリシタンという宗教」にほかならない。幼い頃から禅僧として育ち、クリスチャンのリーダー的存在へと可塑された宗教性。その「上書きの順序」がハビアンの特性を誕生させたのである。

とにかく、ハビアンは全面的に「キリシタン信仰」に立脚していた。しかし、ハビアンは禅僧特有の（?）ブレークスルー能力で、その基盤から脱出する。それは決して、仏教への回帰を目指したのではない（この点、三枝博音の推理は間違っている）。ハビアンは、その成熟した宗教性のもって行きどころを失くしてしまった。ハビアンの溢れるような豊かな宗教的感性のもって行きどころはどこだったのだろうか。ハビアンの行き着く先は？

このことを論考する前に、我々はハビアンのキリシタン批判書『破提宇子』を読まねばならない。では次章、『破提宇子』の扉を開こう。

※1　一九七〇年代以降に教線を拡大した教団を、筆者はポスト新宗教と呼んでいる。新新宗教とも呼称される。ポスト新宗教は超能力や霊能力で求心力を形成している教団が少なくない。そしてその擬似科学的態度は、しばしば批判されている。

※2　坂元正義によれば、羅山が「不可なり」と断じた「始めがあって、終わりなし」という概念は、東洋になかったということである。ユークリッド幾何学やアリストテレス自然哲学による、直線、半直線、線分の定義を手にしたキリシタン特有の概念だという指摘である。羅山は、そのような半無限概念は東洋にない、と知悉していたからこそ、言下に否定できた、というのが坂元の説である。

※3　ドミニコ会のよる史料（ハシント・オルファネール『日本キリシタン教会史』）では、この当安の事件が『破提宇子』に記載されているという。しかし、現存する『破提宇子』（元和版）には該当する記述がない。井手勝美は『破提宇子』には異本があったのだろうと推理している（『キリシタン思想史研究序説』）。

第五章　『破提宇子』の力

山本七平は生前、「なぜ日本にはキリスト教が土着しないのか。隣の韓国では成功しているのに」といぶかる外国人宣教師に、「不干斎ハビアンを研究しなさい」とアドバイスしたという。後述するように、山本は「日本教」の祖形をハビアンの姿勢に見出した。つまり日本人の宗教性を理解するには、ハビアンを学ばねばならないということである。

山本はハビアンの『妙貞問答』を分析し、「ハビアンの態度は信仰者のそれではなく、比較宗教学者のものである」と考えた。確かに、仏教、儒教、神道、キリスト教を並列させて語った上で「キリスト教を選択せよ」という主張は、比較という手法を活用して初めて成立する。さらにハビアンは、キリシタンを棄教した後に発表した『破提宇子』において、そのキリスト教さえも他宗教との比較検討を通して批判する。

評価が低い『破提宇子』

キリシタンの「護教」と「批判」という逆向きのベクトルをもつにもかかわらず、『妙貞問答』と『破提宇子』の立論材料がほぼ同じ、とはしばしば指摘されることである。両書を併読すれば、誰しもこのことに気づくことであろう。両書は表現や用語が同じである部分もあり、また論旨においてもよく似ている。

そして、『妙貞問答』と『破提宇子』との類似性は、しばしばハビアンを批判する場合の材料に使われてきた。ハビアンは棄教前も棄教後も思想的な展開や深まりが見られない、というわけだ。結局、ハビアンは信仰問題で入信したわけでも棄教したわけでもない。自分の都合で、禅僧となり、キリシタンとなり、キリシタンを棄教した男である。それが証拠に『妙貞問答』と『破提宇子』は、内容がほぼ同じである、といった批判だ。さらには、『妙貞問答』はまだ信仰の情熱があった、しかし『破提宇子』はかなり出来が悪い、と評価されることもある。

井手勝美は、『妙貞問答』と『破提宇子』の内容が重複しているにもかかわらず「両書が同一人物の著作とは思われぬほど断絶している」として、その原因は両書の著作意図が相違していたからだと述べている。さらに井手は『妙貞問答』から『破提宇子』の間には「内面的な信仰の展開の跡が見られず、またキリスト教思想への裏切りとしてそれに対する負い目、苦悩を自己の心底に刻印するほどの強烈な背教者意識も『破提宇子』からは窺われない」と手厳しい（前掲書）。

では、もし、意図的に、ハビアンが『妙貞問答』になぞらえて『破提宇子』を著述したとしたらどうであろう。考えられない話ではない。なにしろ『妙貞問答』は『ドチリイナ・キリシタン』や『日本のカテキズモ』を踏襲して作成されている。つまり、「キリシタンという宗教」の体系そのものなのである。もしハビアンがキリシタンの論破を試みるならば、まさに自らが著した『妙貞問答』と向き合わねばならない。そのように考えるのであれば、『破提宇子』が提示する世界の意味はずいぶん変わってくる。

いよいよ『破提宇子』を読んで行こう。

初のキリシタン批判書

『破提宇子』の著作動機は、長崎奉行である長谷川権六と末次平蔵の依頼及び将軍秀忠への献上にあった。ドミニコ会の史料であるハシント・オルファネール（Orfanel Jacinto）の『日本キリシタン教会史』によれば、「ハビアンは権六と平蔵の依頼によりキリシタンにとって大きな影響を与えた著した」と記載されている（井手、前掲書）。この書は、キリシタンにとって大きな影響を与えたようである。ちなみにその史料には『破提宇子』のことを「Hattaixu」と表記してある。ここからもこの書名は「ハダイウス」と読んでいたことがわかる。

さて、まずは「序」である。以下、『破提宇子』の引用はすべて岩波版『日本思想大系25』によった。

提宇子の宗旨とするところの依経の名目、本尊、因位等の事、説き教ゆるところの法理、仏家にこれを聞かざれば、かの宗を抵排するに及ばず。神官これを知らざれば、かの徒を擯斥することを得ず。故に邪説日《ひゞ》に起り、無道 月《つきぐ》盛んなること年久し。

ここでハビアンは、「仏教も神道も、キリシタンをきちんと理解していないから批判できない。自分もキリシタンとして懸命に学んだが、愚かだったのでよこしまな宗教だと気づかずに二十余年を過ごしてしまった。棄教して十有五年。親友（長谷川権六と末次平蔵のこと）から『君が学んだキリシタンという宗教を書き記し、批判すれば、破邪顕正というだけではなく、真実を知る手引きとなるだろう』と勧められて、引き受けることとなった」と自ら著作の経緯を述べている。この「キリシタンという宗教をきちんとわかっていないから、的確な批判ができない」というところにハビアンの思いがこめられているのであろう。また、私でなければ本物のキリシタン批判はできないはずだ、という自負も読み取れそうだ。

三位一体説というアキレス腱（第一段）

夫《ソレ》、提宇子門派、初入ノ人ニ対シテハ七段ノ法門アリ。其《ソノ》初段ノ所詮ト云ハ、天地万像ヲ以テ能造ノ主ヲ知《シリ》、四季転変ノ時ヲ違ヘザルヲ以テ其治手《ヲサメテ》ヲ知《シル》。（……）此能造ノ主ヲDs（デウス）ト号スト云ヘリ。

破シテ云。是《コレナニ》何ノ珍シキ事ゾ。諸家イヅレノ所ニカ此義ヲ論ゼザル。（第一段）

このように、『破提宇子』の構成は、キリシタン体系の語り手とその批判者の応答といった形式になっている。まずはキリシタン教義の要点を記述し、次に「破して云く」という出だしでその要点に対する意見や批判を展開するのである。『妙貞問答』では、Q&A的な問答形式であり、ちょっとした人物設定や状況設定もなされていたので読み物としても成立していたが、『破提宇子』では両論併記、というよりもキリシタンを解説した上で批判を加える、といった体である。分量も『妙貞問答』よりも小部となっている。見方を変えれば、キリシタン教義の肝要を述べた

『妙貞問答』「下巻」への応答、と言えるかもしれない。『妙貞問答』の「下巻」が提示した思想に対して、『破提宇子』で論じる、そのような対応関係である。

さて、「第一段」。まずは、キリシタン側の教理解説がなされる。

「キリシタンでは、初門の人に対して〝七段の法門〟がある。とにかく、つきつめれば、天地創造の造物主である主を知ること。そしてそれはデウスである」というキリシタンの要が語られている。ハビアンは、これに対して、「この話の何が珍しいのか。このことを論じない宗教があろうか」と批判する。

ハビアンは諸宗教を例に出して、そのような創造神話はキリシタン特有のものではないことを語る。「老子『傅大士偈』にも語られているし、仏教でも〝成住壊空の四劫〟で論じられ、神道でも天神七代、地神五代がある。国常立尊・国狭槌尊・豊斟渟尊の天地開闢がある。いかにもデウス宗だけが天地開闢の主を知っているかのごとく説いているが、言葉多きは品少なしだ」。そうハビアンは述べている。

この「言葉多きは品少なし」というハビアンのキリシタン評はなかなか面白い。科学知識を始め、世界や人間や神について、百万言を費やしているキリシタン。そしてハビアンも、それを駆使して存分に語ってきた。しかし、本質の部分は、別段目新しいものはないではないか。どの宗教においても、語られているではないか。それがハビアンの実感だったのだろう。このような「ひとりキリスト教のみならず（それはキリシタンだけの思想体系ではない）」という論の展開、それはもうすでに「比較宗教論」なのである。

さらに、絶対なる造物主の話は続く。例によって、仏も神ももとはといえば人間であって、救世主としての能力はない、という話である。このことは『日本のカテキズモ』『仏法之次第略抜書』『妙貞問答』などで繰り返し主張されている。

> 此《コノ》Dsハインピニイト、テ始モ終モナク、スピリツアルース、タンシヤトテ色カタチナキ実体、ヲムニポテンテトテ万事叶ヒ、サピエンチイシモトテ、上ナキ智慧ノ源、ジエスイシモトテ、大憲法ノ源、ミゼリカウルヂイシモトテ、大慈大悲ノ源、其外《ソノホカ》諸善万徳ノ源也。仏神ハ皆《ミナ》人間ナレバ、件《クダン》ノ徳義備《ソナワ》リ玉ハズ、生死ヲ受玉ヘバ、如何《ナン》ゾ天地ノ作者ト云ンヤト也。
> 破シテ云、仏神ヲ人間トバカリ見ハ、無学ノ人ノ邪見。尤モ提宇子ニ似合タル見計《ケンゲ》也。夫諸仏ハ法・報・応ノ三身在《マシマ》ス。

キリシタン用語が頻出するので読みにくいかもしれない。ここでは、「デウスはインピニイト（無限）と言って、始めも終わりもなく、スピリツアルースタンシヤ（霊的実体）と言って、色も形もなき実体、ヲムニポテンテ（全能者）と言って、万事叶い、サピエンチイシモ（最高智）と言って最高の智慧の源、ジエスイシモ（最高義）と言って最高の正義、ミゼリカウルヂイシモ（最高愛）と言って大慈大悲の源、すべての善・徳の源。仏神はすべて人間だから、そのような徳義は備わっていない」といったことが述べられている。

まさにキリシタンがもたらした「絶対」という衝撃的概念の部分である。これまで「相対化」されていくベクトルが強かった宗教土壌において、この理念は強烈なインパクトがあったと想像できる。

しかし、この点においてもハビアンは「仏神をすべて人間とみなすことは間違いである。仏には三身（法身・報身・応身）がある。応身は人間として人々を救うが、法身は無始常住なのである。また、神も本地垂迹という理念があって、例えば天神の本地は観音菩薩である。この世界では菅原道真公となって姿を現した神なのである。また国常立尊は天地開闢以前からの神である。これは人間ではない。日本は神国であり、東漸の理（仏法は東へ東へと伝わるという説）によれば仏国である。仏神を罵倒するデウス教は仏罰神罰があたるだろう。豊後の大友宗麟などはデウス教徒になってから武運がつきた。小西行長、高山右近、明石守重、みんなキリシタンとなってからは悲惨な末路を遂げている。釈尊は浄飯王を父、摩耶夫人を母として生まれ、鶴林で入滅。八幡大菩薩は仲哀天皇を父、神功皇后を母として生まれた。それで人間というのであろうが、デウスの本尊、ゼズ-キリシトも、ジョゼイフという父、サンタ-マリヤを母としている。これも人間に違いない」とよどみなく反論している。

ここでハビアンは二つの注目すべき論点を提示していることがわかる。ひとつは、仏教や神道にも「絶対」「普遍」といった理念は内蔵されているのだ、という点である。もうひとつは、「神とイエス」との関係について着目している点である。このことは、キリスト教が成立当初から内包している問題点のひとつであろう。

ある意味、イエスという人物こそ、キリスト教体系の成立におけるもっとも困難な壁である。なにしろ「三位一体」というアクロバティックな落とし所に行き着くまで、三百年を要したくらいである。イエスの位置づけをどうするのか。神だとするならば、モノシイズム（唯一神教）というユダヤ－キリスト教最大の特性が損なわれる。しかし、ただの預言者とするならば、キリスト教の存在意義自体が危うい。結果「三位一体」、つまり父（神）と子（イエス）と聖霊（天使などの神の働き）は、三つにして一つという教義へとたどりつくわけである。神は唯一にして絶対であるが、三つの位相をもつというわけだ。よく、「液体の水、個体の氷、気体の水蒸気と姿は変わるが、正体は同じH^2Oだ」といった譬喩が使われたりしている。

今日、キリスト教の系統にも多くのバリエーションがある。しかし、どれにも共通するメインラインは、「生きるうえで一番大切なことは神を知ることである。なぜか。それは、われわれの体も命も神から与えられたものだから。ではどうしたら神を知ることができるか。それはイエスを通して知るのだ……」といったものだ。この文脈は、どの教派にも共通する認識であり基盤だと言えよう。では、どうやってイエスを知るのか、そのあたりで教会中心主義であったり、聖書至上主義であったりと、枝葉が分かれている。

現在、「三大教派」と呼称されるカトリック、プロテスタント、オーソドクス（正教）が正統な流れをくむキリスト教の教派だとされている。四世紀ごろに「正統／異端」という分け方が起こり、「三大教派」と「それ以外」に分かれていった経緯がある。そして、その「正統」の根拠が「三位一体説」なのである。

この「三位一体説」をとらないアリウス派やネストリウス派、エジプトに多いコプト教会、エチオピア教会などは、異端として排除されていった。

「三位一体」はキリスト教最大の特性のひとつでありながら、唯一神教であるキリスト教にとって内包された矛盾であることも確かである（例えば、イスラーム教からは「三位一体にマリア信仰や聖人信仰……、これじゃキリスト教は多神教ではないか」などと揶揄されている）。そして、ハビアンはこの落とし所が抱える矛盾を見逃さなかったのである。日本のキリシタン信仰にはあまり「三位一体」が強調されなかった。それはキリシタン信仰の特徴のひとつにも挙げられている。外国人宣教師がこのことを日本人クリスチャンに説かなかったのが原因だろうと言われている。実際、『妙貞問答』にも『破提宇子』にも、明確な「三位一体説」は書かれていない（このこともハビアンの信仰が浅薄だったことの論拠にされている）。しかし、ハビアンはキリシタンの神概念のもつ自家撞着に薄々気づいていたのである。

ただ、このような理論的な矛盾は、信仰の世界ではしばしば起こることである。むしろ、それが信仰の特性でもある。それなのに、このような理論的矛盾を衝いて、宗教を論破した気になる手合いがいつの世にもいるのだ。特に近代人に多い。福沢諭吉などもその典型で、『文明論之概略』では厳しい仏教批判を展開している。

神は人間の投影

さて、次が面白い。

提宇子云、ゼズ-キリシトモ因位ノ処ハ、本《モト》ヨリ人間ニテ、神ノ垂迹仏ノ因位ニ異《コトナ》ラザレバ、此段ハ互ニ暫クサシヲク。神ノ本地モ仏ナレバ論ズルニ不及《オヨバズ》。法性法身ノ処トDsトタクラベ看ヨ。Dsハ右ニ云シ如ク諸善万徳ノ源也。法性ハ無智亦無徳ト説ク。然ラバ無智亦《ヤク》無徳ノ処ヨリ、如何トシテ此天地万像ヲ造作セン。其上今日ノ我等ニアル慮智分別ハ、本源ニ智徳アラズンバ、何トシテカアルベキ。
破シテ云、提宇子ハ真理ヲ弁ヘズ。法性ハ無智無徳ト聞テハ不可也ト思テ捨之《コレヲスツ》。Dsニ智徳アリト聞テハ可也ト思テ取之《コレヲトル》。待《マテ》、我汝ニ真理ヲ説テ聞セン。先《マツ》無ノ一字ニモ不可思議ノ謂《イワ》レアリ。

イエスは人間ではないか、という痛いところを衝かれたキリシタンは、うむそれはそれでいいとして……、と話の方向を変える。なにしろ、ハビアンが自問自答しながら書いている文章なので、キリシタンはあっさりとやりこめられるのである。しかし、このあたりの筆の運びはハビアンの自意識が読み取れるようだ。「ふむふむ、無智無徳という言葉を聞いて非難し、智も徳もあると聞いて信じるということだな。待て待て。そんな短絡なことではない。説いて聞かせよう。そもそも無と言っても、その表す世界は奥が深いのだ」といった調子である。キリシタンの言い分やディベート戦略を熟知したハビアンだからこそ見せることができる「見得《みえ》」の場である。花道の七三で六方を踏むような感がある。他の凡百のキリシタン批判書ではこうはいかない。

キリシタン批判は、さらにこう続けられる。

「仏教の法性は、無智無徳と言う。しかし、デウスは諸善万徳の源である」
「無の一字も、そんな簡単なことではない。キリシタンは〝無〟の一字さえもきちんと理解していない。また、無智無徳こそ、真実である。デウスは有智有徳というが、智慧あるところには、必ず憎愛の選択が生じる。デウスに憎愛があるならば、それは人間性に他ならない。つまり、すべて人間が創り出した説なのである」

この一文は注目すべきである。ヘーゲル哲学を過激に推し進めマルクスやエンゲルスに多大な影響を与えたかのフォイエルバッハが『キリスト教の本質』（一八四一）で「神は人間の投影である」という衝撃的な言説を発表する二百二十年以上前に、ハビアンは同じ結論を提示していたのである。

また、「無智無徳こそ真実」とハビアンが語るところはちょっと驚きである。なにしろハビアン研究者は口を揃えて「ハビアンは知性の人」と断じている。しかし、ハビアンは道教や禅仏教で語られるような「無智・無為・無徳」といった境地を真実だと考えていたのである。

そして「第一段」の最後、キリシタン側の語り手はこう主張する。

「本源に智徳がなければ、どうして人間に慮智・徳義があり得ようか。それはどこから出てくるのか。これは、本源に智徳がある証拠だ」というのは、人間中心の生命観をもつキリシタンの特性のひとつである。人間は神の似姿であり、神から理知を与えられた存在である、というものだ。

これに対して、ハビアンはお得意の対句で応答する。

破シテ云、柳ハ緑、花ハ紅、是ハ只自然《ジネン》ノ道理也。柳ノ根ヲ砕テ看ヨ、緑モナク、華ノ木ヲ破《ワリ》テ看ヨ、紅モナケレドモ、自然天然ノ現成底也。

「柳は緑、花は紅。ただ自然の法である。柳や花を細かく砕いても、緑も紅も無い。すべてはつながりによって成立しているのだ。それが自然の姿、本性なのである。孔子も老子もそう説いている。デウスがこれを超えることはない」

ここでハビアンは「自然《じねん》」という概念を提示している。自然《じねん》は、nature ではない。人間の対立項たる自然《しぜん》(nature)という概念は、近代以前の日本にはなかったのではないかと言われている。ここで語られているのは「自ずから然り」あるいは、「自ずから然らしむ」という意での自然である。この概念は日本宗教文化の基底にあると思われる。

近代自我の先駆であるように語られる親鸞も、晩年には「自然法爾」という境地を書き残している。そして、この「自然法爾」こそ親鸞の到達点であると評する人も少なくない。あの徹頭徹尾自己内省を貫き通した実存傾向の強い親鸞でさえ、語った「自然」。ハビアンの感性も多分にここに依拠していたのかもしれない。

ただ、『妙貞問答』では、ハビアンは「ナツウラの教え」としてnatureの概念を解説している。この概念を日本思想史上において初めて提示したのがこの『妙貞問答』の記述だと井手勝美は述べている(前掲書)。

自説だけが真理にあらず(第二段)

「第二段」は、デウスとアニマの話が語られる。

提宇子云、此Dsハ、現当二世ノ主。賞罰ノ源也。去《サレ》バ主ハアリテモ、現在ノ善悪ノ業ニヨリ、当来ニテ賞罰ニ預ルベキ者ハ何ゾト云フコトヲ知《シラ》ズンバアルベカラズ。(第二段)

キリシタン側は「キリシタンでは、デウスは現世と来世を司る。善悪の賞罰は、肉体がほろんでもアニマ（魂）が受ける」と述べる。キリシタンにおける最大の「ウ、リ、も、の、」のひとつ、「魂は不滅」「人・動物・植物などの魂は種類が違う」という部分である。ハビアンも一時期はこの教説に魅了されたに違いない。そして、現世と当来（現在と未来。現世と死後の世界）における真の主はデウスのみである、という衝撃的なまでの絶対性を提示した。

『妙貞問答』の「下巻」において、ハビアンは「此《この》現当二世ノ主ト申ニモ、偽《いつは》レル所ト真ノ主トノ隔《へだて》ヲヨクハキマ（弁）ヱ玉フヘキ事肝要ニテ侍」と述べている。

ここで、アニマにはランクがあって、草木は「アニマベゼタチイハ」と言い、生成のみ備えた魂であること。禽獣は「アニマセンシチイハ」と言い、知覚運動も備えた魂である。敵味方の判断をもち、痛痒も感じること。この二つのアニマは、四大に帰す、ということが述べられる（四大に帰すという言い方は仏教からの援用）。

キリシタンの教理では、「しかし、人間の魂『アニマラショナル』は、前二つとは相違する。是非を分別できる。そして『スピリツアルスタンシヤ』と言って、無色無形の実体である。これは、現世の業によって、デウスが永遠の楽所（ハライソ）か永遠の苦所（インヘルノ）かに分ける」ということである。

このキリシタンの教説に対して、ハビアンは「破シテ云、（……）惣ジテ万物ニ事理ノ二ツアリ」と反論する。意訳しよう。

「いやいや、万物は事（現象）と理（本体）によって成立している。それだけである。それをいくつもに分けられるごとく人を惑わすのは良くない。自分の説だけが真理であり究極であるように考えるのは、非常にせまい了見である。

儒家では、人間の欲望を人心と言い、正しい筋道を道心と言う。そして、儒教でも正しい行為と思考とを勧めている。

仏法では、我々は自らの心によってものごとを認識するとしている。例えば、本体は『火』であっても『火炎』や『ほのお（焔）』などのように分けて認識するのである。

デウスは人を楽所と苦所に分けるのか？　なんと、慈悲深い主であることか。慈悲とは、『抜苦与楽』のことを言うのである」。皮肉たっぷりの文章だ（最後の「抜苦与楽」は仏教で語られる仏の慈悲を表す言葉である）。

さて、キリシタンを破すためには、「神の絶対性」と「人間と他の生物とは別の生命体」という二つの表看板を論破せねばならない。この第二段では後者を論じている。既述のように、キリシタンがもたらした「人間の霊魂は他の生物とは違って特別である」という理念に魅了された者も多かったのである。そして、ハビアンもこのことを力説して歩いたに違いない。聞く者に大きな衝撃を与えるほど新鮮な生命観だったはずである。『妙貞問答』にもこのことは力説されている。しかし、ハビアンは結局このような人間観・生命観を捨てることとなる。第二段ではこの点をきちんと整理しており、「万物は事（現象）と理（本体）によって成立している。それ以上の余計な言説は人を惑わすだけである」と至ってシンプルな態度を示している。仏教と朱子学とを習合させ、日本土俗のアニミズムとがミックスされたような人間観・生命観である。

また、ここに述べられている反論の内容、実はすでに『妙貞問答』において語られているのである。「サテハ物ニハ事理ノ二ツガ有テ」と幽貞が解説している。また、「火と火炎と焔」の例えも、『妙貞問答』の「上巻」に出てくる。

まるで今で言う「カットアンドペースト」のような手法である。パズルのように、手元にある要素を（一旦出来上がっていたものを）バラバラにして、再構築しているかのごとき論旨である。例えば、『妙貞問答』では質問者の妙秀が「仏を単にただの人間とばかり言い切ってしまうのは間違いではないでしょうか」と問うと、「いや無量無辺と呼ばれる仏だって、もともとは人間なのです」と幽貞（応答者）が述べている。ところが『破提宇子』では、キリシタン側が「仏神はみんな元は人間なのだ」と語ると、「仏神を単にただの人間と捉えてしまうところにキリシタンの浅薄さが露呈している」と反論しているのだ。

あるいは、『妙貞問答』で「この世界をデウスがお創りになられたなら、なぜ今まで日本を放っておいたのですか」と妙秀が問い詰めると、幽貞は「教えを広めるのは人間なので、次第次第に広まっていくのです。でも、遅いとか早いとかは気にしなくていいのです」と応答する。これが『破提宇子』では、「デウスがこの世界のすべてを創造なさったのです」とキリシタンが主張すれば、「では、キリシタンが日本に伝わるまでの数千年間、デウスは日本のことをどう考えていたのだ。それが全知全能者だと言えるのか」と指摘する。まるで『妙貞問答』のQとAを入れ替えて『破提宇子』を作成した印象さえ受ける。

換言すれば、ハビアンという人物は常にこうした態度で宗教と向き合っているのかもしれない。手元にある要素は同じでも、組み立てによっては肯定的にも否定的にも構築できる、そんな姿勢こそハビアンの特徴なのではないか。

自縄自縛（第三段・第四段）

第三段では、天国と地獄といった来世の問題、そして堕天使である悪魔の話が語られている。

提宇子云、Dsハスピリツアルース、タンシヤトテ、無色無形ノ実体ニテ、間ニ不容髪《ハツヲイレズ》（髪の毛一本も入れる隙間が無いこと）。天地イヅクニモ充満シテ在マセドモ、別シテ威光ヲ顕シ、善人ニ楽ヲ与ヘ玉ハン為ニ、パライゾトテ極楽世界ヲ諸天ノ上ニ作リ玉フ。（……）茲《コヽ》ニ於テDs、ルシヘルヲ初トシ、彼ニ与《クミ》セシ三分一ノ安女《アンヂヨ》（注　天使のこと）ヲバ下界ヘ追下シ、インヘルノニ堕セシメ玉フ。是即安女高慢ノ科《トガ》ニヨテ、ヂヤボトテ天狗ト成タル者也。（第三段）

デウスの教えでは、戒律を守ったスピリチュアルは天国へ、破戒のものは地獄へ行く。デウスは人間を造る前に、天使を造っている。その中のルシヘルは、デウスの意に逆らって、悪魔（ヂヤボ）と成った。

破シテ云、汝提宇子、此段ヲ説《トク》事、偏《ヒトヘ》ニ自業《ママ》自縛也。

それでは、もう、自縄自縛である、とハビアンは破す。ここがいい。デウスが全知全能であれば、なぜそんな天使が出てくるのだ、そう切り返す。

このあたりの切れ味は、現代のディベート技法のごとき趣がある。

次の第四段では、人類創世の神話が語られる。


提宇子云、Ds、天地森羅万像《ママ》ヲ造リ終リ玉ヒ、万物ノ霊長トシテ人間ヲ作リ玉フ者也。但人間初メヨリ如此《カクノゴトク》無量無数ニ造リ玉フト云ニハアラズ。阿檀《アダン》（夫）慧和《エハ》（婦）トテ、夫婦二人ヲ作リ玉ヒ、万《ヨロヅ》ノ智慧分別ヲ勝レテ与ヘ玉ヒ、パライゾーテレアルトテ、地上ノ極楽世界ニ置玉フ。

（第四段）


「創世記」に描かれている世界である。このヘブライの物語を、キリスト教では「原罪」に結びつけた。キリスト教の大きな特徴である。

「デウスは万物の霊長として、最初にアダム（阿檀）とエヴァ（慧和）をお造りになった。二人は神の国に暮らしていたが、デウスの戒を破る。悪魔にそそのかされて、リンゴ（マサン）を食べてしまうのである。そのため、我々人間は、罪を背負っているのである」という主張が書かれている。

さて、この物語、ハビアンは『妙貞問答』「下巻」の「後生をば何とすれば扶かり、何とすれば扶からぬという事」で、同じ内容を書いている。しかし、ここでは、この物語を鼻であしらうような態度に出る。


破シテ云、正理ニハ背キシト云ヘドモ、初メ一段二段マデハ、チトヲトトナシゲモアリツルガ、三段ヨリ此段ヲキケバ、浅ヨリ深ニ入ニテハナク、漸漸アサマニナル。此レヨリ奥猶《ナヲ》思ヒヤラレタリ。（……）

畢竟Dsハアダン破戒スベキ事ヲ知ザル歟。知ズンバ三世了達ノ智ニアラズ、知タラバ慈悲ノ上ヨリ科ニ落ヌ了簡ヲ、アダン・エワニ教ヘラルベキ義也。

ハビアンは以下のように語る。「第一段、第二段までは、もっともなところもあったが、第三段あたりから怪しくなり、もうここに至っては……。次第に話が浅くなってくるので、この先が思いやられる。デウスという唯一なる神の戒律が、よりによってマサンとかいう甘干（注　果実を干したもの。干し柿）のようなものを食べてはいけない、などとは。老人をたぶらかし、子供をあやすような話である。天国か地獄か、という一大事の因縁が、あまぼしとは、あまりに役不足である。かつて、古蜂屋入道がキリシタンを評して『あまぼし談義』と名づけたのももっともである。そもそも、なぜデウスは、アダムとエヴァをたすけなかったのか。しかも、だましたのは、自分で造ったルシヘルである。あまぼしを食べたから、全人類は地獄行きとは……。なぜデウスは、アダムが破戒するのを知らなかったのか。とても全知全能とは言えない。とにかく論理破綻しているなあ」、……とまあ、こんな感じだ。

知識人が神話や宗教説話の矛盾をちくちくと衝く典型的なやり口である。本来、いくらこのような矛盾を指摘しても、当の信仰者に大きな影響を与えることはできない。どれほど矛盾に満ちていようとも、信仰者にとってそれが「宗教的真実」なのだから。しかし、ハビアンの批判は、キリシタンがもつ唯一・絶対・全知全能の「神」を相対化するところに意図がある。かつて自ら

『妙貞問答』「下巻」において主張した世界を自らの手で解体する作業なのである。

切って継ぎ番匠（第五段・第六段前半）

いよいよキリシタンの救いが力説される場面である。

提宇子云、件ノアダン・エワ犯科ノ後、死苦病苦ヲ先トシ、不如意不足ナルヲ見、特ニハ死シテ後インヘルノニ堕在セラルベキ難義ヲ顧ミ、コンチリサントテ後悔ヲ起シ、今生ノ義ハ任他《サモアラバアレ》、其身ヲ初メ、科《トガ》ヲ悔悲《クイカナシ》マン者共ノ後生ヲバ扶ケ玉ヘト、行住座臥、天ニ仰ギ地ニ伏シテ、是ヲ禱《イノ》ラレケルニ、Ds大慈大悲ノ上ヨリ扶ケ玉ハント思召スニ、又憲法（注　正義のこと）ノ上ヨリ、所当（注　当然の）ノ科送ラセヨト請ヒ玉フト云ヘドモ、人間ノハカリアル身トシテハ、相当ノ科送ヲナスコト叶ハズ。（……）（第五段）

「デウスは、アダムとエヴァの罪業によって、人類に死と病の苦しみを科した。しかし、『完全なる悔悟（コンチリサン）』によって、後生はお救いくださる。常に神を仰ぎ信じることによって、救いの慈悲を思し召す。このような救いは有限なる人間には到底できぬ」

ここでも、「真に人間を救うのは人間には成し得ぬ。神でなければ」というキリシタン最大の肝要部分が語られている。これは『妙貞問答』「下巻」の「後生をば何とすれば扶かり、何とすれば扶からぬという事」でも詳述されている。

これに対して、ハビアンはあくまで理論の整合性を問おうとする。

> 破シテ云、此ハ是平生《ヘイゼイ》人ノ諺ニ云フ、切テ継番匠《ツギバンジョウ》也。（……）蓋シDsハ人ノ悪ヲバ巣立《ソダテ》テ、人ノ善ヲバ蔑《ナイガシロ》ニスルノ主《アルジ》歟。

「『切って継ぎ番匠《ばんじょう》』ということわざがある。せっかく長さが充分ある材木を、わざわざ切って継ぎ合わせたがる大工のことだ。また、禅では『好事も無きに如《しか》じ』と言う。たとえ好事でも、何も無いことにはかなわない、ということだ。

わざわざ破戒者であるアダムとエヴァを造りだし、苦しみを与え、そして懺悔したら救ってやるという。おかしいではないか」

また、「アダムとエヴァの罪とは、『あまぼし』を取ったというもの。そんなことで永遠の罪になるような神なのに、どんなに懺悔してもだめなのじゃないのか」などとユーモラスな批判をしている。こういった口ぶり、いかにも「頭の悪いやつらだなぁ。論理がつぎはぎなのになぜ気づかないのか」といった体である。やはり、これもある種の知識人に見られる「批判の定型」である。例えば、伝統宗教教団の学者あたりが、よくマスメディアに登場する霊能者を批判する際の語り口を連想させる。

それにしても、キリシタンの論理破綻に対して、「切って継ぎ番匠」という譬えを使った評価は、やはりハビアンの高いディベート能力を感じずにはいられない。かつて、並み居る仏僧たちを前に、一人でことごとく論破した男である。書く文章からもその片鱗を窺えるではないか。

次の第六段では、まずユダヤ教の歴史も含めてユダヤ―キリスト教の系譜が述べられる。

提宇子ノ云、右ニトキシDsノ御出世ノ事、天地開闢ヨリ大数五千年ヲ経《へ》……（第六段）

「デウスがこの世界をお造りになって、五千年経過した、ローマ帝国の時代、ジュデヤ（ユダヤ）の国、ベレント（ベツレヘム）というところで、サンタ-マリヤを母、ジョゼイフを父として、二人とも童貞で子をなした。この子がゼズ-キリシトである。三十三年間の生涯で、人々に善道を教え、『私はデウスである』と宣言した。このため、十字架（クルス）に架けられ、このためにアダムとエヴァの罪も贖える道筋ができたのである。そして、三日後に復活。四十日後に昇天した」

そうキリシタン側の語り手は主張する。これに対して、ハビアンは以下のように応じている。

破シテ云、Dsノ出世、天地開闢ヨリ大数五千年ニ及ブト云。是程其科送《トガオクリ》ノ遅カリシハ、天地懸《ケン》隔《キャク》ナル故ニ、遠路ニシテ路次ニ年数ヲ経タル歟。又旅ノヨソヲイ用意ニ歳月ヲ経タル歟。五千年ノ間ニ科送ナケレバ、一切世界ノ人間、地獄ニ堕ベキ事無量無数ナルベシ。（……）

天地開闢ヨリ五千年ニゼズ-キリシト出世ト云フ。出世ヨリ又千六百年、都合六千六百年ナリ。和漢伝記ノ年数ニ挍量（注　はかること）スレバ、甚年数少シ。

「天地開闢から五千年も経過していたら、とんでもない数の人々が死んでいる。なぜデウスはそれまで救いの道を開かず、みんなが地獄へと堕すのをほっておいたのか。なんて無慈悲な神なのか。人を救い始めるのに、そんな長い年月の間、いったい何をしていたのか。出発の準備にそんなに時間がかかったのか」などと順を追って矛盾を衝いていく。からかうような調子ではあるが、かなり手厳しい。

また、天地開闢よりの五千年とキリスト生誕の千六百年を足しても、六千六百年。これじゃ、人類の歴史に全然足りない、と書いている。このことは、『妙貞問答』にも述べている。きっとハビアンはキリシタンであった時から「この話は整合性が低いなあ」とは感じていたに違いない。

そして、「第六段後半」。ここでハビアンは注目すべき自らの思想を述べている。

自然のまま、あるがまま（第六段後半）

又、ジヨゼイフ・サンターマリヤハ、一生不嫁ノ善人ナルヲ父母トシ、ゼズーキリシト誕生ト云。是何ノ至善ゾ。夫婦別アリトテ、面面各各ノ嫁婚ハ人倫ノ常ナリ。常ニ反スルヲバ却《カエッ》テ悪トス。悪ト云ハ道ニ外《ハヅ》ル、ヲ云フ。若《モシ》天下ノ人倫悉《コトゴト》ク嫁婚ノ義ナクンバ、国郡郷里人種ヲタチ、亡ビン外《ホカ》何ヲカ待《マタ》ン。然ル時ニハ、常ノ道ハ善ニシテ、此外ハ不善ナル事明白也。（第六段）

第六段の後半部において、ハビアンはこのように語っている。

「また、ジョゼイフとマリヤは結婚もせずに子をなしたらしいが、どうしてそれが『善』なのか。そもそも夫婦は人倫の常である。人倫の常からはずれるのは不自然なことである」（傍点筆者）。

この主張は、『妙貞問答』には見られなかった部分である。つまり、棄教してから以降、大きく変化した思想の部分だ。ここには、「自然のまま」を良しとし、「不自然」な形態は受け入れがたい、という日本宗教文化の苗床を見る思いがする。

この「自然のまま」「あるがまま」に高いプライオリティをおく傾向は、日本宗教文化には根強くある。例えば、仏教の「出家」というライフスタイルは、日本宗教文化の中で大きく変容する。不自然だからだ。日本仏教では、出家形態はノーマライゼーションされていく。より自然な形態である在家との境界線上（例えば、沙弥・聖・毛坊主など）がこれほど豊かである仏教は他にない。例えば、法然は「救いの本質は生活形態に左右されない」とし、一遍は「在俗にありながらなおそれにとらわれないことこそ最上なのだ、そうできない者が仕方なく出家するのである」と語る。また、臨済禅を大成した白隠は、わざわざ出家せずともいいのだ、結局はみんな病床についたりして、世間を出ねばならない。それは出家なのだ。などと言い放つ。禅師であり仮名草子作家でもありキリシタン批判も行なった鈴木正三《しょうさん》は、「普通に生活することこそが仏道」と説いた。この世界のすべてが法を説き、日常生活すべてが仏道だ。このことが初めからわかっていたら出家などしなかったのに、と後悔している。

こうして概観すれば、日本仏教がいかに「自然のまま」というベクトルをもっていたかがよくわかる。そして、ハビアンもどこかこの方向性を感じさせる。

ハビアンは一時期、キリシタンがもつ普遍主義に魅了された。しかし、棄教後のハビアンは「普遍」という概念に懐疑的であった。むしろ、日本宗教文化にしばしば見られる「不自然ではないもの」への希求に力点をおくことになったことがこの第六段で確認することができる。また、この第六段以降には、「すべてを語りつくせる」というキリシタンの態度にも反発している。これは第七段以降に語られる「神の絶対性」と表裏一体だからだ。

ベアタスと手に手を取り合っての棄教という行為の選択は、ハビアンにとって「自然のまま」という人間観への回帰だったのだろうか？　とにかく、『破提宇子』では、「夫婦常道の善」が説かれていることは、ハビアンの生涯と照らし合わせてもとても注目すべき箇所なのである。

唯一神教との衝突（第七段前半）

さて、第七段では、主に「十戒」が語られている。

> 提宇子云、右ノ六段、此宗ノ教ノ専用也。段段能納得アラバ受法アルベシ。受法ノ後ハ十箇条ノマダメント（ト）テ、十ノ法度、是ヲ守ラズンバアルベカラズ。（第七段）

キリシタンとして受法すれば、「十戒（マダメント）」を守らねばならないとして、「十戒」を列挙した後（第二章参照）、「さて、『エゴ　テ　バウチイゾ　イン　ナウミネ　パチリス　エッヒイリイ　エツ　スピリツス-サンチ……（それがし、デウス、パアデレ、ヒイリヨ〔聖子〕、スピリツ-サント〔聖霊〕の御名をもって、なんじを洗い奉る）』との要文を唱えて、額に水をかける」と、洗礼を解説している。

これらも、『妙貞問答』「下巻」の「後生をば何とすれば扶かり、何とすれば扶からぬという事」におおよそ述べられている。かつてはハビアンが人々にこう説いていたのだ。

ここでハビアンは、

破シテ云、マダメント、テ、十箇条ノ法度ヲ説。此十条初条ヲ除テハ、殺生・偸盗・邪淫・妄語・飲酒等スベカラズト云フ五戒ヲ出ズ。

と述べている。「最初の第一戒（デウス唯一を信仰する）を除いて、仏教の五戒から一歩も出ていない。第九と第十は、心を整えることを説くので、不飲酒と同じである。また、第四の孝行は、世間の常識である」と言うわけだ。

さて、この第七段も興味深い記述が続く。いよいよ「モノシイズム（唯一神教）」への批判である。そして、ハビアンがキリシタンに抱いていた危惧が語られる。

然ヲ提宇子、時節ヲ守リ（注　時をうかがい）、日本悉ク門徒トナシ、仏法神道ヲ亡サントス。神道仏法アレバコソ王法モ盛ナレ。王法在マシテコソ、仏神ノ威モマスニ、王法ヲ傾ケ仏神ヲ亡シ、日本ノ風俗ヲノケ、提宇子、己ガ国ノ風俗ヲ移シ、自ラ国ヲ奪ントノ謀《ハカリゴト》ヲ回《メグ》ラスヨリ外、別術ナシ。（……）此猛悪イヅクヨリ起ルゾト見レバ、第一ノマダメント、万事ニ越テDsヲ大切ニ敬ヒ奉レト云ヨリ也。

意訳すればこのようになる。「そもそも、第一戒の『唯一にして絶対なる神』とは、君父の命にも従わないということである。国家を傾け、仏法も王法も滅ぼす教えである。そもそも日本の風俗で神道に依拠しないものはない。さらに聖徳太子以来、仏教国である。しかしキリシタンはこれを滅ぼそうとしている。日本の習俗を破壊して、おのれの風俗を移植しようとしているのである。これは明らかに我が国をのっとる謀略と判断せねばならない」

このあたりは、「日本はこれでいいのか」などと主張するネット右翼の言い分みたいである。しかし、ハビアンは、当時の一部の人たちが抱いていた「キリスト教国が日本を軍事侵略する」という危惧を単純に扇動するような言辞を弄したりしていない。ここで語られているのは、習俗が破壊されることによって精神的に乗っ取られるといったイメージだろう。なかなかたいした眼力である。

ハビアンは、「人倫をつきつめれば、五倫（父子の親・君臣の義・夫婦の別・長幼の序・朋友の信）に極まる」と述べて、世俗的立場に立った発言をしている。宗教的価値が世俗的価値を上回るのは危険だと判断しているのである。なぜなら、世俗の価値を凌駕する絶対神をもつキリシタンの教えがこのまま広まれば、神国ニッポンは危うくなるからである。とにかく第一戒が問題なのだ。そこに、諸悪の根源がある、そう語る。まさに「唯一にして絶対なる神」への違和感。そして、その「強さ」を知り抜いているハビアンだから警告しているのである。

キリシタン教団への非難（第七段後半から結語）

第七段の後半では、多くの論者が「ハビアン棄教の原因」として挙げる外国人キリシタンへの批判が述べられる。以下のような文章が並ぶ。

「キリシトの血肉として、パンを食べ、ぶどう酒を飲んでいる。とにかく信用できない。

さらに、諸悪の根源は、彼らがそろいもそろって悪魔も及ばぬ高慢であることだ。

ある人に『南蛮人と日本人とはどのように挨拶しているのか』と尋ねられたことがあるが、もともと彼らは日本人を人と思っていない。日本人キリシタンはみんな、おもしろくないと思っている」

ここは、「棄教の原因だったのではないか」と論ぜられている有名な部分である。なかなか生々しい文章だ。さらにハビアンは続けている。

「また、『デウスの人は無欲で慈悲深いと聞くが、本当か』と聞く人がいる。彼らの強欲なのは、目にあまるほどである」

「また、『バテレンは邪淫を捨てていると聞くが、どうか?』と聞く人がいる。

それは、人による。ただ、日本では慎み深く暮らしているが、本国では、奔放なバテレンがいると聞いている」

このあたり、内部告発的である。寝食を共にしてきた教団内部者だからこそのリアルな応答である。

『破提宇子』は第七段以降、章立てされることなく最後まで文章が続いている。そして、終盤では、ハビアンお得意のQ&A方式で綴られているのである。これも教会の中枢部にいたハビアンならではの的確なやり取りが続く。

「コンヒサン(懺悔)とは?」

「ゼズ-キリシトの第一の弟子に、ペイトロという人がいて、コンヒサンが始まったと聞いている。五逆罪も国家謀反・反逆も、懺悔したらすべて赦されるという魔法である」

「デウスには奇跡が多く、マルチル（殉教）は、特に奇跡が起こると聞くが？」

「私も十九歳で入信してから二十二、三年も修行し、人にも知られるようになったが、一度も奇跡など見たことはない。殉教の人でも、奇跡など起こらなかった。

日蓮上人は、大難四度・小難数知れず、迫害されたが、何度も奇跡が起こっている」

日蓮宗は『妙貞問答』において、特にハビアンが批判していた宗派である。[※1]日蓮宗はキリシタンへの攻撃がもっとも執拗で激しかった宗派だからだ（井手、前掲書）。しかし、ここでハビアンはわざわざ日蓮上人の名前を挙げてキリシタン批判を行っている。このあたりも「どういう題材を使って批判するのが一番効果的か」という戦略に基づくものかもしれない。ハビアンならやりかねないのだ。


さて、こうして改めて『破提宇子』を読み返してみると、あきらかにハビアンはキリシタンの「全能感」に対して反発していることがわかる。すべてを語りつくせるという態度に違和感を覚えている。科学的知識に普遍性を感じ、それに魅了されたハビアンであったが、キリシタンの全能感や普遍を主張する言説には懐疑的であったと言えよう。『妙貞問答』にしても『破提宇子』にしても、ハビアンの宗教論は基本的に経験則に基づいている印象を受ける。それはハビアンの合理主義的精神の現れかもしれない。あるいは、禅仏教ではしばしば「仏法に不思議なし」と語るが、これは仏教の教えの多くは経験則や人間観察に基づいて成り立っているので、「語りえぬことには沈黙する」という「無記」の態度をとるためである。『破提宇子』で表明されているように、「自然」「あるがまま」に立脚したハビアンにとって、「この世界はすでにある」というところから出発せず、すべてを語り尽くそうとするキリシタンの態度は傲慢であり独善的に映ったのではなかったか。そこでハビアンは、世界の創世やデウスの全知全能性の矛盾を衝く戦略を執ったのである。

『破提宇子』の最後にはこのような質問にも答えている。

「このようにデウスの宗旨を裸にしてしまえば、あなたは深く怨まれるのでは？」

「ご推察を。棄教して、とにかくキリシタンがいないところを探し、一時、奈良に隠れていた。しかし、闇討ちされそうになったので、急いで逃げ出し、木津川から船に乗って、枚方の中宮というところで隠居していた」

ここでは、脱会・棄教後の様子が詳しく書かれている。おかげでその当時のハビアンの足跡を若干たどることができる。続いて、

「このように考察したが、とにかく浅学非才の身である。智者には笑われるだろうが、夜話として書いた」、と結んでいる。そして、この『破提宇子』が著述された次の年、その生涯を閉じるのである。

死の前年、ハビアンはどのような気持ちで棄教当時を振り返ったのだろうか。『破提宇子』を読んでいて感じるのは、そのスピード感である。短期間で一気に書き上げたのではないだろうか。「今、書いておかねば」、そんな思いがハビアンの筆を走らせたのかもしれない。ひょっとすると自らの死を予感していたのであろうか。まるで（キリシタン信仰における最高のテキストである）『妙貞問答』を著述したことへの責任をきちんととって、息を引き取ったような感さえある。

『破提宇子』によるターンアラウンド

『妙貞問答』の「下巻」と『破提宇子』とは双子のような関係である。まるで鏡像だ。同じ材料を使いながら、結論は正反対の地点に着陸する。つまり、『破提宇子』のキリシタン批判は『妙貞問答』にも内包されていたとも言えるのである。

そして、本章の冒頭に、もしハビアンが意図的に『妙貞問答』になぞらえて『破提宇子』を著述したとしたらどうであろう、『破提宇子』が提示する世界の意味はずいぶん変わってくる、そのように述べた。この点を考察してみよう。

まず、『破提宇子』より『妙貞問答』を高く評価する山本七平は『日本教の社会学』で、「これがちょっと毒になると思うと、次に排除するわけです。ハビアンだってその通り。だから、彼には『妙貞問答』という伝道の書と、『破提宇子』というキリシタン排撃の書と両方あるわけですが、読んでいくと基本的には同じことが書いてあるんです。薬だと思ったら毒じゃないかと、そういうことでしょうね」と語っている。

井手勝美も、「また彼のキリスト教護教論書『妙貞問答』（一六〇五、慶長十年）と、キリスト教論駁書『破提宇子』（一六二〇、元和六年）との間には、内面的な信仰の展開の跡は見られない。したがって、彼がキリスト教理を真に把握し、敬虔な信仰の世界に生き得たか否かは疑わしい」と述べ、両書には内面的な信仰の展開は見られないことを繰り返し書いている。

両書の類似という事実をもって、多くの論者は「ハビアンの思想内容が深まらなかった証拠だ」と評し、『妙貞問答』に比べ『破提宇子』はそれほど価値ある思想書とは考えない。そのように評されてきた。

これに対し、姉崎正治は『破提宇子』を評して、「ハビヤンは、棄教の後、その同じ材料を倒用して、キリシタン破折を企てたのである」（『姉崎正治著作集第四巻』）としている。つまり、『妙貞問答』と『破提宇子』の思想内容が重なる（結論は異なるものの）のは、結局ハビアンの信仰も思想も浅いものであったことの証左である、と評されがちなのに対して、姉崎はその重複が意図的ではないのかと言ったのである。筆者も姉崎の立場に賛同する。

単純に考えても、ハビアンが棄教後の自分自身の思想を語るために、かつての『妙貞問答』で述べたことをひとつひとつ覆していくことは不自然ではない。まして、教団内外にもその才を知られた男である。思想者として当然行わねばならない作業であろう。

しかも、『妙貞問答』は、あの『ドチリイナ・キリシタン』や『日本のカテキズモ』や『仏法』など日本キリシタン思想の成果を総結集して出来上がったものなのである。つまり、『妙貞問答』を論破すること、すなわちキリシタンという宗教体系への批判なのだ。また、それまでの自分自身の思想を解体する行為であったのだ。

現代のディベートにおいても最も効果があり高等であるとされる技法に「ターンアラウンド」というものがある。ターンアラウンドとは、論破すべき相手の立論材料を使って、批判する技術である。相手の立論を使い、相手の論法をトレースして、自論の論証をしてみせるのだ。例えば、討論相手が提出したメリット（あるいはデメリット）を活用し、何か別の意味づけをすることでデメリット（あるいはメリット）へと転換してしまう。たいへん効果的な必殺技なのである。ハビアンの場合、キリシタン護教書である『妙貞問答』の立論をそのまま使って、キリシタン批判を行ったのだ。そしてそれはハビアンの戦略ではなかったか。『破提宇子』は、『妙貞問答』へのターンアラウンドを意図した書として考えることができるのではないか。

例えば、中世の傑僧・栂尾《とがのお》高山寺の明恵は『摧邪輪《さいじゃりん》』において、唐初の僧・善導の著作をねばり強く引用して、法然浄土教の欠点を指摘しようと試みた。善導は、法然が全面的に依拠し、自身の思想の支柱とした人物である。法然を批判するのに、その善導の思想を活用するあたり、いかに明恵が論理的に法然を崩そうとしたか、という意志を読み取ることができる。まさに明恵は法然にターンアラウンドを仕掛けたのである。

繰り返すが、『妙貞問答』は、神仏儒を縦横に論駁した日本人自身の手になる唯一のキリスト教護教論書であり、ハビアンの名を一躍世に知らしめた名著であった。教団内（日本準管区長フランシスコ・パシオの手紙）では、「イルマン・ハビアンは日本の諸宗派にきわめて精通しているので、彼に優る仏僧も、彼に敢て論駁する仏僧もいないほどである」とまで評されている。いや、教団内のみならず、他宗派や他宗教にまで高く評価されたのだ。なにしろ仏教界を見回しても、『妙貞問答』に匹敵するほどの諸宗教論は見られない。ひとえにハビアンという人物がいたればこそである。いかにキリシタン教団を挙げて情報収集し他宗教を研究したとしても、やはりハビアンの諸宗教への知見と深い洞察がなければ成立することのなかった書なのである。その意味で、ハビアンは近世前夜における屈指の宗教学者といっても過言ではない。

しかし、ハビアンの真価は『破提宇子』抜きに語ることはできないと私は思う。ハビアン思想のオリジナリティを評価するのであれば、『妙貞問答』と『破提宇子』との双方を合わせて解読せねばならない。もちろん、『破提宇子』に書かれている言葉や論証の多くは、すでに語られたものばかりであり、それほどのオリジナリティはない。しかし、それは『妙貞問答』という（ある意味）キリシタン体系そのものを論破することを意図していたというなら話は別だ。『破提宇子』がこれまでのキリシタン体系をターンアラウンドするほどの破壊力を秘めていることを読み取った者もいたはずである。だからこそコウロスは「地獄のペスト」「恐るべき影響」「近畿で蔓延」「回収した」といった反応を示したのではないのか。

おそらくかなりの速さで書き上げられた『破提宇子』。そのためにハビアンは論点を絞ったはずだ。『妙貞問答』のように、広範囲にわたって論じつくすというような芸当はできない。ハビアンのターゲットは自ら著した『妙貞問答』の「下巻」だった。「下巻」へのターンアラウンド、その一点にフォーカスして『破提宇子』を書いたのである。

『完全版妙貞問答』

これまで不干斎ハビアンの著作である『妙貞問答』と『破提宇子』を読んできた。ハビアンを肯定的に語る論者は、ハビアンという数奇な人生を歩んだ男につい感情移入してしまい、その著作を過大評価してしまいがちである。しかし、あらためて精読してみると、『妙貞問答』一冊をもってして「世界初の本格的比較宗教論書」と呼ぶわけにはいかないと言わざるを得ない。仏教・儒教・道教・神道をことごとく語りつくそうとするその手腕は並々ならぬものであるが、どうしても「キリシタンの優位性」へと誘導する意図が透けて見えてしまう。護教論としての性格が強すぎるのである（当たり前だが）。

しかし、『妙貞問答』の「下巻」と『破提宇子』とを入れ替えてみたらどうだろうか。それをもって『完全版妙貞問答』とするのだ。

明らかにハビアンは『妙貞問答』の「下巻」を意識して『破提宇子』を書いているので、あながち荒唐無稽な仮説でもないだろう。それに、『妙貞問答』と『破提宇子』の内容の多くが共通するということは、ハビアンは棄教以前に反キリシタン思想を内包していたことになる。すくなくともハビアンの思想を構成する要素はキリシタン批判にも活用できるものだったことは間違いない。

ゆえに『完全版妙貞問答』は、仏教・儒教・道教・神道・キリシタンのすべてを相対的に論じた書となる。そして、（宗教思想研究者にあるまじき少々ファンタジックな話だが）この『完全版妙貞問答』をもって世界初の本格的比較宗教論書としよう。

※1　キリシタンと日蓮宗との論争記録『石城問答』は、両宗教の激突記録として仏教側に残る最も古い史料である。日蓮宗の僧・日忠とイルマン旧沢アントニオの間に行われている。キリシタン側にはさらに古い「山口宗論」などが残っている。

第六章　ハビアンと現代スピリチュアル・ムーブメント

ハビアンの選んだ道

前出のドミニコ会のパードレ、ハシント・オルファネールは、ハビアンのことを「彼は堕落して遂に背教し信仰を棄てて再び偶像崇拝に立帰るに至り、この結果、彼は自己の欲望を充たし、存分に楽しむことができるであろう」と手紙に記述している（井手、前掲書）。「自己の欲望を充たし、存分に楽しむ」、とは何を指しているのだろうか。棄教後のハビアンがキリシタン弾圧に加担している事実を揶揄したのかもしれない。ハビアンは「家から出た盗人」とまで罵られていたようだ（同書）。しかし、もしオルファネールの言葉が、「教団の縛りから解き放たれて、自由気ままに恣《ほしいまま》に宗教を語り、活用している。誠にけしからん」といった意味であるなら、ハビアンという人物を実によく表した一文ではないか（実際にオルファネールの手紙を最初から読めばそのようなニュアンスがある）。

そう、ハビアンにとっては己の宗教性と制度化された宗教体系と自らの生き様との葛藤と格闘の末、選び取った道であったのだが、オルファネールの眼には「宗教の活用」と映ったのであった。また、確かにハビアンには、まるで道具箱から道具を取り出して使うがごとく宗教を語る感性がある。そしてそれは、キリスト教のような宗教においては否定されねばならない態度なのである。神への信仰が軸の宗教には、「宗教を活用する」といった姿勢は認められない。そんなものは信仰ではないのだ。しかし、ハビアンにはその傾向が明らかに見られる。

そして、こうした傾向を特徴とする宗教性が他にもある。それは欧米や日本において近年見られる現代人の宗教性（特にスピリチュアル・ムーブメントと呼ばれる傾向の一部）である。ハビアンの宗教性の特質と現代人の宗教的傾向には共通する部分があると思われる。

ハビアンが見た光景、それはまさに魂の彷徨に苦悩する現代人が見ている光景ではないのか。双方の共通する部分を抽出してみよう。ハビアンの着地点が浮かび上がってくるかもしれない。

日本教徒、不干斎ハビアン

ハビアンの選んだ道と現代人の宗教的特質とを比較する前に、山本七平の「ハビアン＝日本教徒の元祖」論および諸氏によるハビアンの宗教的着地点への言及を概観しよう。山本は、いち早くハビアンの宗教性を近代日本人の宗教心と重ね合わせて論じた人物である。

山本七平は、ハビアンを「最初の日本教徒」と呼んでいる。そして、ハビアンの信仰に「日本教の原型」を見出す。この「日本教」は山本独特の日本宗教文化論を基礎づける概念である。「日本教」とは、日本人の行動様式（エートス）のことである（マックス・ウェーバーは「エートスこそ宗教の本質」と述べている）。この「日本教」には、教義も儀礼も思想もないが、日本人の行動様式の基底を支えている。

とにかく、山本にとって、ハビアンこそ実在する日本教徒なのだ。日本教徒は決して概念だけではない、実在するのである。また、現在もなお日本人の基層を成している、山本はそう考えていた。その上で、いかにハビアンという男が今日まで大きな影響を与えてきたのかを述べている。

山本七平は、ハビアンの著作は江戸幕府が実行した宗教政策（特に反キリシタン）の方向づけに大きく関与し、さらには明治期においてもキリスト教対策として活用された、と言う。「彼（注　ハビアン）の後代に与えた影響は大きかった。否、大きすぎた。というのは彼の著作が徳川時代の対キリシタン政策の基本となり、明治の開国で再びキリシタンが来るとなると、あわてて復刻されているからである。おそらく現代にまで潜在的影響を与えていると言ってよいであろう。（……）彼は疑いなく秀才であり、神儒仏キリシタンまで、その知識は豊富である。だが常に自分の論説にとって都合の悪い部分は捨象して、知らぬ振りをしている。

このことが『妙貞問答』に現われていることは前述したが、『破提宇子』にもそれがある。ここで彼は朱子学を援用してキリシタンを批判しているが、では林羅山との『排耶蘇』に記されている論争は、どう決着をつけているのか。地球を丸いと見ることはやめたのか、キリシタンがもたらした天文学や宇宙論は否定したのか。おそらく否定はしていないであろう。これらの点は『破提宇子』では全く触れられておらず、避けて通っている。また彼は仏教の輪廻転生を『妙貞問答』では嘲笑的に否定している。『破提宇子』では盛んに仏典を援用しているが、では輪廻転生を信じるようになったのか。おそらくそうではあるまい。いわば彼は、キリシタンの自然神学的乃至は科学的といえる部分はそのまま黙って採用しているのである。

実はこれが、以後の日本人の態度であり、ハビヤンはその点で、まさに近代的日本人の第一号といえる」（山本『日本人とは何か。下』、一九九二）

ハビアンが単なる合理主義者だったとは思えないが、結果的にはハビアンにとって制度化された宗教はひとつの方法論だった、という感はいなめない。ハビアンは、時には真理を知る手立てとして、時には自分という存在を解明する手立てとして、時には生活の手立てとして、時には生きていく推進力として、時には来世のため、時には自らの宗教的欲求のため、時には生きる指針として、時には恋愛のため、時には社会正義のため、その都度精一杯宗教と向き合い、宗教を活用して生き抜いた。

そしてハビアンの提示した宗教への態度と感性は、その後の日本人にとって宗教に対するひとつのモデルになった、と考えるのは山本七平を始め多くのハビアン論者の実感なのである。

山本七平は『日本教徒』の中でハビアンの宗教傾向を「キリスト教のうち、自分のその基準に合うものは採用し、基準に合わないものは、実は、はじめから拒否している」と分析している。さらに「ついにキリシタンを離れて儒者らしきものになる。しかし儒教のうち、自分の基準に合わぬものは排除している。そして『排キリシタン文書』を書く。しかし、儒者らしくなっても、実は自分がキリシタンから採用している部分はそのままに保持し、排キリシタン文書の中でそれに触れない。結局は生涯、何らかの内的基準を保持しつづけていたのである」「ハビヤンは、私に『日本教徒』という言葉を造語させた一人であり、そしておそらく現代の日本人の祖型であると私は見る」と述べている。

山本七平はハビアンから「日本教」の概念を組み立てたというのである。山本の語る「日本教」というのは、大部分の日本人に潜在する「宗教的感性」といったようなもので、めったに自覚されたり意識されたりすることはないが、とても根強いある法則のことである。例えば、前章で出てきた「あるがまま」に高い価値を置くのもそのひとつだ。この「日本教」が無意識の領域にあるので、仏教も儒教もキリスト教も、どんな宗教が入ってきても、「日本型仏教」「日本型儒教」「日本型キリスト教」に変換されてしまう、そう山本は考えた。確かに、スリランカやタイの仏教と日本仏教とを比較すると、同じ宗教とは言えないほど相違する部分がある。同じ大乗仏教でも、これまたチベット仏教ともかなり違う。キリスト教においても同様の事情だ。山本は、ある種「日本教仏教派」「日本教儒教派」「日本教キリスト教派」といった様相でさえある、と語っている。

この山本の「日本教」説は、今日でも共感する人が少なくない。『日本教の社会学』で対談している社会学者の小室直樹もその一人である。山本と小室は、仏教からは決して「唯一」「絶対」は出てこないと述べている。さらには、日本の宗教には「神との契約」という概念は到底あり得ないと断じ、「自然であること。あるがままであること」が日本教における第一の態度である、としている。つまり、「あるべき姿そのままで生き抜く」ことが最も高い宗教的価値をもち、その自然の体系の中に救済も組み込まれているとするのである。

そういえば、中世華厳宗の大成者・明恵は「阿留辺幾夜宇和《あるべきようは》」を最高の理念とした。「人は阿留辺幾夜宇和の七文字を持《たも》つべきなり。僧は僧のあるべきよう、俗は俗のあるべきようなり。乃《ない》至《し》帝王は帝王のあるべきよう、臣下は臣下のあるべきようなり。このあるべきようを背くゆえに一切悪《わろ》きなり」、このような文章なども、やはり日本宗教文化特有の香りがする。

また、山本は江戸時代の思想家で石門心学を開いた石田梅岩の「鳥類、獣類、形を践《ふ》む。されど小人はしからず」という思想を挙げて、生命あるものはすべて自然の秩序を践んでいる。その文脈に沿わない者（小人）は鳥や獣以下だ。これは、キリスト教にも儒教にもない驚くべき日本特有の宗教観だとする。また、すべての宗教は薬であって、うまく調合して飲んでしまえばいいのだ、という梅岩の思想に日本教の姿をみる。それを全部処方して、うまく活用する者こそが賢人・聖人だというわけだ。そして、その典型がハビアンである、と山本は考える。

しかし、山本が語る「日本教」は、筆者から見ればすべて「キリスト教社会」「キリスト教を基盤とした宗教」の対立項として語られているように思える。山本が語るような傾向以外の要素も日本宗教には数多く見受けられるし、またこのような傾向が日本特有だとも思えない。むしろ世界規模で宗教文化を比較すれば、キリスト教社会の傾向の方が特殊だと言うことだって可能なのである。いや、実際にキリスト教社会をフィールドワークしてみると、山本が「日本教」と語る傾向が随所に確認できたりもするのである。例えば、カトリックやオーソドクスなどは、その地域や民族の信仰と習合しているところも多い。幼児洗礼が日本のお宮参りと変わらない感覚だったり、(個人の信仰を重視するよりも)地域共同体型のキリスト教文化もある。あるいは「神はいろんな顔をもつ。だからどんな神を信仰してもいいのだ」といった多元主義的クリスチャンもいる。

さて、山本が「原・日本教徒」と規定したハビアン。確かに、ハビアンの宗教に対する態度は、相対的価値体系に根ざしており、その意味ではシンクレティズムを特徴とする日本宗教土壌と軌を一にしていることは間違いなさそうである。ただ、山本はハビアンのどこを指して「日本教徒」だと言うのか、何が「日本教徒」の典型であるのかが、もうひとつはっきりしない(はっきりしないのが日本教なのかもしれないが)。一方では、封建社会から連綿と続く「恩」をベースにしていると述べ(山本はハビアン版『平家物語』を綿密に分析している)、他方ではハビアンを「日本初の近代人」と規定している。山本自身のハビアンに対するイメージにもグラデーションがありそうだ。

つまり山本は近代に特徴的な日本人の信仰形態をハビアンから抽出することに成功したということなのだろうか。ハビアンが近代から現代にかけて次第に拡大してきたある信仰傾向をもっている、と言うのであれば、よくわかる。そういえば井手勝美も、ハビアンが「西洋文明の第二の洗礼を受けた明治以降の知識人」や「第三の洗礼を受けた戦後から現代へと続く知識人」と重なることを指摘している。つまりは、まるで道具箱から道具を取り出して使うがごとく宗教を活用する姿勢、宗教を自分の知識で切り取って語る態度、それが近代成長期を経て現代人へと展開してきた信仰の一形態とするならば、「ハビアンはそのプロトタイプである」と言うことは可能である。

「先祖教」と「日本教」

ところで、山本の語る「ハビアン＝日本教の祖型」説には、柳田國男などが指摘した「先祖教」への言及が不足している。

柳田の文脈で言うなら、ハビアンの宗教的態度は決して「日本教」ではない。

例えば、柳田國男は、「死者を祖霊になるまで祀る」ところにこそ日本宗教民俗の基盤があるとして、これを「先祖教」と呼んでいる。確かに日本宗教文化において「先祖教」は看過できない構成要素である。

柳田による「先祖教」の特徴は以下のようなものである（「先祖の話」、一九九〇）。

1. 先祖は祭るべきものであり、自分たちが祭らねば、だれも祭る者がいない霊を指す。
2. 死者は身近に留まっており、決まった時節には還ってくる。これは仏教でさえなかなか崩せない日本の死後観念であり、今日もなお根強い。
3. 死者はある年限を過ぎると「御先祖さま」「祖霊」となる。通例三十三年、稀には四十九年や五十年に最後の法事を営むことで祖霊となる。この形態は古信仰と仏教と、双方からの譲歩によって出来上がったのではないか。
4. 近年は、死者の「個人性」が強くなり、祖霊というすばらしい装置が粗略になっている(柳田は、仏教が霊の個人化に大きく寄与し、祖霊との融合を阻んだことを批判している)。

柳田も言及しているが、「あらみたま(荒御魂、新御魂)」が祀られることにより「にぎみたま(和御魂)」になり、そして「祖霊」となるというプロセス。これは、北方モンゴロイドと南方モンゴロイドとの混成した、日本宗教文化の死生観だと思われる(荒御魂はフィリピンやミクロネシアあたりの信仰、和御魂はモンゴルやシベリアやバイカル湖あたり、祖霊は華南地方あたりの信仰ではないかという説がある)。人が死ねば身体は要素ごとに分解されてしまうが、魂は残る。死んだ当初は荒御魂(新御魂:魂がまだエネルギッシュな状態)、その後これを祀ることで和御魂(穏やかで柔和な魂)となる。和御魂を三十三年から五十年かけて祀り続けることで、ついには祖霊となる。祖霊になれば、大きな生命体と一体であるから、もはや個は解体される。まさに日本特有の「生命のストーリー」である。この物語が根強いために、仏教の輪廻観もそれほど土着化していない。この生命観は、日本宗教文化を考察する際には欠かせないものである。サビエルも、「大多数の人々は、祖先を崇敬している」ことを日本人の特徴として記している(海老沢

『日本キリシタン史』）。この点を見過ごして「日本教」は成立しないであろう。

しかし、ハビアンにこのような「先祖教」的要素を確認することができないのである。「先祖教」の特性を表す興味深い話をラフカディオ・ハーンが書いている。実際に松江で起こった事件を題材にした「お大の場合」という小説である。お大という女性がキリシタン宣教師の指導に従って仏壇・位牌・過去帳などを捨ててしまう。村人たちは、お大がキリシタンになっても何の非難もしなかったのであるが、この行為を知るやいなや厳しく咎める。「汚れた畜生」とみなし、「犬猫以下の人間」だとして、みんなが無視するようになったというのである。

五野井隆史は、キリスト教が伝来したときは比較的好意的に受け入れられていたのに、キリシタン領国内で宣教師やキリシタン信者たちが寺社や仏像や位牌や過去帳などを焼却し出してからキリシタンへの反発が急激に高まった、と指摘している（『日本キリシタン史の研究』、二〇〇二）。モノシイズム（唯一神教）に立脚するキリスト教のエートスから言えば、仏像や位牌を焼き捨てるというのは、信仰のひとつの帰結である。しかし、この行為への嫌悪感は宣教師たちの予想を上回るものであったろう。

その点、ハーンは的確に日本の宗教土壌を見通している。この「お大の場合」という事例では、個人の信仰は認めるが、先祖を祀るという共有行為様式からはずれた者は人間としての文脈をも放棄することを表している。つまり、先祖教は日本宗教文化の大きな柱なのである。

しかし、『妙貞問答』や『破提宇子』から「先祖教」的要素を読み取ることは困難である。明らかにハビアンの宗教的メンタリティにおいて「先祖教」は希薄であると言える。終始「個人がいかに救われるか」が論点となっており、「先祖を祀る」ことへの視点は皆無であると言ってよい。「先祖教」こそ日本宗教土壌の柱であると考えた柳田に従うならば、ハビアンの宗教性は明らかに（少なくとも、その著作から見る限り）非日本宗教的であると言わねばならない。

山本が指摘したように、ハビアンの宗教性は確かに「近代人」的特徴を備えている。しかし、ハビアンの場合、日本型近代人においてもなお根強い祖霊信仰が決定的に希薄である。ハビアンの見ている方向は、日本型近代人の信仰形態とも齟齬をきたす。井手や山本が言うように、ハビアンには近代知識人の宗教性を強く感じるのは間違いないのだが……。

ハビアンという男には、さらに別の特徴的な傾向があるのだ。

ハビアンはどこへ着地したのか

キリシタン棄教後のハビアンは、ひっそりと暮らしていたにもかかわらず、晩年近くになって敢然とキリシタンの取り締まりに協力する。しかも幕府と直接やりとりをしながらの活動である。なんらかの信念・信条なしに、実行できるとは思えない。最後の火を一気に燃やし尽くすような行為だ。

では、棄教後、ハビアンの宗教性はどの方向へと向かったのだろうか。『破提宇子』はいったいどのような宗教性に立脚して書かれたものだったのか。この点においても、各氏がそれぞれ立論している。

まず、既に考察したように、ハビアンの宗教的態度を「日本教徒の元祖」と単純にカテゴライズする山本七平の視点は問題がありそうである。むしろ、後述するように、日本に限らず「現代人の宗教性」のある典型に近接しているように思える。

「ハビアンはキリシタン信仰を捨てなかった」という独特の推理を提示したのは新村出だ。ハビアンはイエズス会を脱会したものの棄教はしてなかったのではないかと新村は言うのである。実際、当時はイエズス会をやめてフランシスコ会やドミニコ会に入会する、といった人物も結構あったようなのである。しかし、この説はハビアンの生涯が明らかになった現在では否定されている。新村が論じた当時では、ハビアンの長崎での行動などが解明されていなかったのである。ハビアンがキリシタンを棄教したことは疑いない事実である。

三枝博音もオリジナリティの高い論を展開している。三枝は、「ハビアンは思想的には元の禅者に戻った」と考えたのである。三枝の著書を読む限りでは、その根拠は明確には示されてはいないが、「キリスト教の強いポジティブな思想と西欧思想の洗礼に堪えかねて、もとの仏教思想に還ったのではないか」といった内容を述べている。『破提宇子』を読んだ印象によってこのように察したらしい。

禅僧に戻ったという三枝の意見に対しては、坂元正義が「到底考えられない」と否定している。チースリク氏や井手氏の研究成果を精読すれば、ハビアンが仏教へとリターンしたと考えるのは整合性が低すぎるというのである。そして、坂元はむしろハビアンの著作から判断して仏教よりも儒教にウェートがかかっているとする。『破提宇子』において「結婚」「夫婦の道」「郷里」などが人間の道の常である、といった儒教的五倫思想が強く語られているからである。山本七平もキリシタン棄教後のハビアンは朱子学者に近いと述べている。

いずれも、ハビアンの宗教性の一端を言い当てているが、充分に語り尽くしているとは思えない。例えば、ハビアンには「禅仏教」的要素や「朱子学」的要素以外に、「無地域的」であるとか「宗教を道具のように活用する」などといった特有の傾向を見ることができる。これらの部分などはどう考えればよいのだろうか。

ハビアンと現代の「宗教的個人主義」

ハビアンに見られる特徴的な傾向、あえて類似性が高いものを挙げるとしたら、それは現代社会において見られる「宗教の個人化」「個人の宗教化」だろう。「宗教教団の信者になったりする気はないが、宗教性を渇望する」、あるいは「さまざまな宗教から自分にとって必要な情報を抽出して個人的に構築する」、そのような形態である。これをアメリカ人の宗教学者ロバート・ベラーは「宗教的個人主義（religious individualism）」、あるいは「個人宗教（individual religion）」と呼んでいる。これは何も日本人特有の傾向ではないのだ。

精神性や価値体系の混乱期において、ハビアンは「自分をキープしたまま、各宗教を活用する」「自らの知的好奇心を満たしてくれる宗教情報にコミットする」といった態度を貫いた。このようなハビアンの宗教態度は、まさに宗教的個人主義である。

これまで、『妙貞問答』、『破提宇子』と順を追って読んできた。『妙貞問答』には、やはり「各宗教の要《かなめ》を抉り出し、それを分析かつひと括りにすることで、見事にキリシタンの独自性をハイライトさせた」という印象を強く受ける。これは、現代の各宗教教団が自説の優位性を主張する際にしばしばもちいる手順である。『妙貞問答』を中心にハビアンを語る論者たちが、そろって

「近代合理主義者的信仰」のレッテルを貼るのもうなずける。それだけのポテンシャルが『妙貞問答』にあることは間違いない。

一方、『破提宇子』を精読していて、ふと、生命学の第一人者である森岡正博の『宗教なき時代を生きるために』を連想した。森岡は「自分は決して宗教を信仰しない」と宣言し、信仰とは「疑う」という営為の停止であると語る。そして、「信仰の世界に入るか、それとも宗教を観客として見るか」という二分法に疑問をもち、「第三の道」の可能性を模索している。その「第三の道」とは、生と死に関する問題の解決を信仰に求めず、しかし決して眼を逸らさずに追求し続ける道だと言う。

もちろん、森岡の『宗教なき時代を生きるために』は、何かの宗教に対して論駁するという意図はなく、ただ、自分はどの宗教にも帰依しない、という覚悟を語りながら、終始一貫して様々な宗教信仰を尊重する態度を示している。そして、その中で森岡は、常に生命の問題に取り組み、マイノリティへのまなざしをもち続けている。彼の人格や思想はとても宗教性豊かであり、まるで修行僧か修道士のような雰囲気をもっている人物である。そのような人物が求める第三の道、このあたりにハビアンの宗教性を考える手がかりがあるかもしれない。

さて、現在、宗教にコミットするわけでもなく、さりとて世俗的価値だけに生きるわけでもない、この第三の道を「スピリチュアル・ムーブメント」と表現されることが多くなってきた(森岡が言う第三の道も、広い意味では同じ方向性をもつと言えると思われる)。そこで、「宗教的個人主義」を、後述する特徴的な傾向をも含めて、本書では「現代スピリチュアル・ムーブメント」と呼ぶことにする。この現代スピリチュアル・ムーブメントという呼称はすでに、幅広い分野で使用されており、現代社会における精神・魂・霊性と関わろうとする傾向全般を指す。そして、そのフィールドは、教育・医療の分野からカルト宗教・オカルトに至るまで広範囲にわたり、定義することは難しい。かつて欧米で「ニューエイジ・ムーブメント」と呼ばれたフィールドとも大きく重なっており、日本では「精神世界」と呼称されていた。宗教学者の島薗進は「新霊性運動」と名づけている。最近は、「スピリチュアルな世界」「スピリチュアルな関係」といった表現も目につく。とにかく、現代社会のさまざまな場面でその傾向を確認することができ、後述するような特徴を挙げることができる。

自我のキープと無地域性

ハビアンの宗教態度は、「自分をキープしたまま、各宗教を活用する」「自らの知的好奇心を満たしてくれる宗教情報を活用する」といったものである。このあたりは、やはり「日本教」のプロトタイプというよりは、現代スピリチュアル・ムーブメントの態度である（「日本教」はもっと儀礼性が高いところに特性がある。既述のように日本的宗教性は「信仰や教義体系よりも関係性が先立つ」面が強く、その場の聖性を大切にする「儀礼好き」の傾向をもつ）。

つまり、ハビアンの宗教性は「日本人特有の宗教性」ではなく、古今東西通じて見られる「あるタイプの人格」なのである。そして、このタイプの人は、現在、激増しているのだ。

先に述べたように、ハビアンには「土俗の宗教性」が感じられない。まるきり「無地域的」である。これはある意味、驚くべきことだ。ハビアンが生きた当時の人には、現代のような「宗教」という概念さえないはずなのである。ほとんどの宗教性がその地域その地域における習俗と関わって成立していた時代なのである。

ひょっとするとハビアンはキリスト教を通じて「個の概念」を形成するに至ったのかもしれない。なにしろハビアンの態度は近代自我とパラレルである。ハビアンは「早すぎた孤高の近代人」なのだろうか……。そういえば、同時期に登場した織田信長もそんなところがある。宗教学者の山折哲雄は、『蓮如と信長』の中でハビアンを取り上げ、信長と並列に論じている。両者とも、「破・宗教の徹底性」において通底しているというのである。

そして、この「破・宗教の徹底性」がパードレたちの反発をまねく。長崎にいたパードレ、ハシント・オルファネールは『日本キリシタン教会史』の中で、「宗教は理屈では解き切れない。そのことを謙虚に受け止めることができないからこんなひどい本が書けるのだ」とハビアンを厳しく非難している。さらに「自分には理解できないと告白するものこそ真の知者だ」と続ける。つまり、オルファネールも、ハビアンが自我をキープしたまま宗教とつきあっていることを指摘しているのである。

現代のスピリチュアル・ムーブメントも、「自分というもの」をキープしたまま頭で宗教を理解する傾向が強いと指摘されている。換言すれば、「情報化された宗教」を活用するタイプだ。ハビアンにはこの傾向があり、そのことをオルファネールは指摘しているのである。

スピリチュアル・ムーブメントの特徴

一九八〇年代、アメリカを中心に起こったニューエイジ・ムーブメントは、近代を創造し牽引してきたキリスト教文化へのカウンター現象でもあった。「自己変容。変性意識。霊性の覚醒。自己実現」といったソフト路線から、「死後の世界。臨死体験。宇宙の意思。超常現象。超能力。気」というディープな世界まで、さまざまな様相を呈することとなった。

これまで制度宗教の枠内で限定的に語られていたスピリチュアルな部分がその枠組みから溢れ出るようにして広がり、個々人がさまざまな場面でそれを体験したり語ったり求めたりすることができるようになってきたのである（伊藤雅之『現代社会とスピリチュアリティ』、二〇〇三）。

さて、このニューエイジ・ムーブメントと同様の動きは日本も含めて先進諸国で同時多発的に拡大している。本書では、日本におけるこの宗教的動きを、スピリチュアル・ムーブメントとまとめて呼んでいるが、既述のようにこのムーブメントは多種多様であり、さまざまな場面に登場しているが、いくつか共通した特性を持っている。多くの研究者たちが指摘しているその特性を列挙すると以下のようになる。

1.「宗教」ではなく「メタ宗教」

現在のスピリチュアル・ムーブメントでは、「宗教」ではなく「宗教性」が重視される。「メタ宗教」と表現してもいいかもしれない。宗派や教団といった枠組みではなく、誰もがもっている（とする）宗教性（共鳴盤）が共振現象を起こす、そういったイメージである。あるいは、地下水脈（スピリチュアリティ）と井戸（体系化された宗教）と譬喩されることもある。宗教の源泉にスピリチュアリティがあり、宗教はその発露が制度化されたものだと考えるのだ。

2.「宗教の個人化」

前出のベラーは現代社会において「宗教的個人主義」が拡大する傾向にあることを指摘している。また、宗教研究者のポール・ヒーラス（P. Heelas）は、ニューエイジ・ムーブメントを「自己宗教（self religion）」と呼んでいる。

教団の都合に振り回されることなく、また独善的な教義体系に縛られることなく、自らの宗教性を成熟させる方向性、と言えようか。

3.「道具箱（tool kit）型」

現代人は宗教に対して「道具箱的」態度をとる、という指摘がある（伊藤、前掲書）。宗教と「道具箱的」に関わるとは、宗教を文化資源と考えて、あたかも「道具箱」から自分に必要な要素を取り出すようにして利用する、というアクセス方法である。情報としてあるいは消費財として宗教と関わる、と言い換えることも可能だ。

ちなみに、ポスト新宗教の中には、キリスト教・仏教・道教・儒教・修験道・陰陽道、そして現代諸科学を混交して語る教団が少なくない（その多くは擬似科学だが）。少なくないどころか、ほとんどの教団はこの方向へのベクトルを有していると言ってよいだろう。この点は現代霊性論において「超宗教」・「超宗派意識」・「宗教の非制度化」などという言葉で、肯定的に語られる傾向が強い（参考　島田裕巳他『宗教・霊性・意識の未来』、一九九三、樫尾直樹編『スピリチュアリティを生きる』、二〇〇二など）。

4.「無地域性」

現代スピリチュアル・ムーブメントでは、組織性や教団的システムを必ずしも必要としない。情報メディアだけで共感し合っている場合もある。この、ムラやイエといった共同体でもなく、教団といった共同体でもない「ゆるやかなネットワーク」とでも表現すべき状況は、それまで宗教と向き合う場合大きなテーマであった「自己否定」や「共同体」の問題があまり浮かび上がることがないのである。※1

5.「無境界性」

現代スピリチュアリティの領域では、教団宗教者と民間宗教者、伝道コミュニケーションと対話コミュニケーションといった区別がなされない。境界があいまいであり、またパッチワーク的なのである。さまざまな領域同士の垣根が低くなっている。これを「ハイブリッド」と評することも可能であろう。

6.「諸科学理論を援用」

俗流科学や擬似科学も含め、現代スピリチュアルな言説には科学的知見が不可欠である。二十世紀の「量子力学」がこの追い風となった。量子の位相では、システムの中で起こっていることは、外からは観察できないのである。なぜなら、観察者が観察した途端、その観察行為によってシステムに影響を与えてしまう（例えば、観察するために光をあてると変化してしまうなど）事態が起こるからである。つまりどこまでいっても我々には確定できない世界があるということだ。このような量子力学による不確定性への研究は「科学では解明できない領域がある」と感じる人々の信念を科学的に支えることとなった。

また、宗教・文化・教育・医療・福祉といった領域の境界線は、「スピリチュアル」をキーワードとして次第に不明確となっている。

以上、ざっと現代スピリチュアル・ムーブメントの特性を挙げてみた。少々急ぎ足で述べたが、身の回りを観察してみれば、上記のような傾向を実感できるはずである。

現代のスピリチュアル・ムーブメントの根底には、「変わりたい、つながりたい、知りたい」というメンタリティがある。「帰依したくない（近代自我をキープ）」「依存したい」「つながりへの志向」「アイデンティティへの模索」「自己変容」「自分さがし」「宗教・科学の情報化」など、どれも共通のメンタリティが透けて見える。

ただ、仏道を歩む者として語るならば、宗教には「自分というもの」がボキッと折れるプロセスを経過しなければ見えてこない領域があることを付言したい。その部分に関しては、仏教もキリスト教も同様である。これまで編み上げてきた「自分というもの」が頽《くずお》れるからこそ、人格や価値観の再構築が成立するのである。自分の都合や、枠組みや、これまで編み上げてきた自我、それらが大きく転換する体験なしには宗教の醍醐味を味わうことはできないのである。これを禅では「大死一番」と言い、浄土仏教では「前念命終、後念即生」と言い、宗教学では「回心体験（conversion）」と言う。つまり、今までの自分が死して、新たなる自分が生まれる、そのような大転換である。情報パッケージ化された宗教や、消費材としての宗教には起こりえない事態である。

また、宗教体系から自分に都合の良い部分だけを活用するのは、危険な部分もある。いろんな宗教体系をつまみ喰いをすると、その体系がきちんと機能しない。各教団宗教体系は長い間かけて社会と折り合いをつけながら運営されてきた。つまり、反社会的反人道的方向へと突っ走らないよう体系や教義の随所にストッパーやリミッターがかかっているのである。手順通りに体系を辿らないとそのストッパーやリミッターが機能しない。例えばオウム真理教は、自分たちに都合のいい部分だけを密教から恣意的に抽出して使った。本来、密教を順序通りにたどって行くと、宗教が持つ危険な陥穽に対してリミッターが効くように教義化されている。禅や瞑想法も同じである。実践していると、見えるはずのないものが見えたり、聞こえるはずのないものが聞こえたりする。しかし、「それはただの生理現象だから捨てていけ。宗教の本質には関係ない」と指導を受ける。手順を間違えると、何か自分が超人になったような錯覚を起こす場合もあるからだ。自分の都合に合わせて宗教のパッチワークを作ると、宗教の毒を避けることができない。

この点ハビアンは、系統立てて宗教の道を歩んできたことを感じさせる。宗教に向き合う際の手順がしっかりしている。

浮かび上がるハビアンの宗教的特性

では以上概観した、この「現代の宗教的個人主義」、もう少し広い意味でとらえて「現代スピリチュアル・ムーブメント」の傾向とハビアンの特徴を照合しよう。

列挙した現代スピリチュアル・ムーブメントの特性の中で、「諸科学理論を援用」という点は『妙貞問答』で顕著であり、ハビアンの気質にぴったり、という気がする。ハビアンが科学的合理思考の持ち主だったことは、ハビアン研究者が口を揃えて語るところである。林羅山の『排耶蘇』にもその様子を読み取ることができる。羅山に対して地球球体説を力説するなど、キリシタンで学んだ自然科学を基盤とした世界観をもっていたのである。

そして、『破提宇子』においては、「宗教」よりも「メタ宗教」的世界に重心を置いて語っている。どの宗教にも共通する宗教的真実があるという裏づけがあるからこそ、神も来世も決してキリシタンの専売特許ではないことをハビアンは述べたのである。ハビアンのキリシタン批判における ひとつの骨子は、「どの宗教も真実を語っているのに、キリシタンはまるで我一人が正しいといった独善的で傲慢な態度である」といったものであった。唯一絶対性を主張して、独善的で傲慢で排他的な傾向をもつ教団宗教よりも、多元的な宗教性を高く評価している。これも現代におけるスピリチュアル論とパラレルである。

次に、なにより道具箱型の信仰や無地域的信仰はハビアンの特性である。これまでの考察で、このことは何度も確認してきた。ハビアンにとって生きることと信仰とは切り離すことができないものであったはずだ。しかし、体系化された宗教としての仏教やキリスト教は簡単に捨てることができる。かつ、土俗の信仰や儀礼にも興味がない。それがハビアンの宗教性である。こうしてあらためてひとつひとつをチェックしてみると、ハビアンという人物の宗教性は確かに中世人でも近世人のものでもなかったような気がする。

さらに、ハビアンがベアタスとの駆け落ち失踪劇を演じたことも忘れてはならない。彼はどこまで行っても強烈な自我を発揮させる人物だったに違いない。神に己のすべてを捧げきるといったタイプではなく、ここ一番、敢然として強い自我を機能させて生き抜いた男だったと思われる。そう、このように自我をキープしたまま宗教とつきあうのは、まさしく現代スピリチュアリティ的な態度なのである。

戦略的比較

このように、ハビアンと現代人の宗教的メンタリティとの共通項を抽出することは可能である。しかし、現代のスピリチュアル・ムーブメントの領域は医療・教育からオカルトにいたるまで広大なフィールドをもっているので、恣意的に共通項を挙げることは容易なのである（実は、ここで挙げた諸特徴とは相反するものも数多く確認できる。反社会的な要素だってある）。それはまともな対比比較とは言えない。つまりここでは双方の共通点を論じてきたが、少なくともマトモな比較宗教論としては成り立たないのである。

それでも今回、あえて両者を並列させてみたのは、ハビアンの宗教性を浮かび上がらせるためである。現代スピリチュアリティとの比較は、そのためのツールなのだ。

実は、このツールのおかげでハビアンの宗教性が（肌感覚的に）理解しやすくなった。ハビアンと現代スピリチュアル・ムーブメントの共通点から次のような仮説を立てることができる。

それはすなわち、現代人のスピリチュアル・ムーブメントに顕著なように、人間にはスピリチュアルな領域を情報によって解読しようとする営為がそのまま自分の宗教性の発揮へと直結する側面があるということである。例えば、内田樹は「真に知性的であろうとすれば、人間は宗教的にならざるをえない」と語っている。また島薗進は、現代を「自律した個は宗教化する時代」と喝破した。いずれも、宗教性と理知性とを結ぶ回路をうまく表現している。そして、ハビアンはその典型的な人物なのだ。仏教各派を学ぶことも、朱子学を研究することも、吉田神道の文献を読むことも、そしてそれらをキリシタン体系と比較することも、ハビアンの宗教性にとって避けて通れない手順だったのである。それがハビアンの信仰形態なのだ。

例えば、このタイプとまったく異なるベクトルをもつ宗教者に親鸞がいる。私は、僧侶としても宗教思想研究者としても、親鸞思想に強く魅了されているが、親鸞思想の魅力はなんといっても光と影とが同居するような緊張状態である。己の実相から決して眼を逸らすことなく、解決しない問題にどこまでも関わり続けるその姿勢。あたかも底に穴のあいた船に乗りながら休むことなく水をかい出し続けるがごとき緊張感こそ親鸞の宗教的実存世界である。

親鸞は生涯、己自身の抱える影と対峙し続けた稀有な宗教者だった。そのような実存性を現代スピリチュアル・ムーブメントの言説から感じることはない（ずいぶん大雑把な話だが、一度でもスピリチュアル・ムーブメントにコミットした経験のある人には、筆者の言わんとしていることがピンとくるはずだ）。そして、ハビアンの文章からも感じられない。そのあたり、やはり、ハビアンと現代スピリチュアル・ムーブメントは重なるところがある。

しかし、その一方、ハビアンには、ほとんどの現代スピリチュアル・ムーブメントでは確認することができない点があることにも気づいた。そしてその相違点によって、ハビアンはただ単に宗教を情報として消費し続けただけではなく、ひとつの宗教的覚悟へと行き着いたと私自身は実感することができた。

神も仏も棄てた宗教者

山本七平は、「ハビアンと現代の日本人の間には差はない」（『日本教徒』）と語った。山本は宗教理念や情念よりも合理的な人間関係や社会関係が先行することがハビアンの特性だと分析し、現代の日本人の姿と重ね合わせたのである。山本だけではない。ハビアンを語ってきた多くの人々が、ハビアンの合理主義的傾向を指摘してきた。

しかし、私はハビアンを単なる合理主義者だとは思えない。どうしても思えないのだ。非論理的な話だが、これは僧侶としての宗教的嗅覚としか言いようがない。

ハビアンは、「制度宗教」にも「世俗主義」にもコミットしない道を選択したのだ。今はそれがよくわかる。ハビアンは結局生涯をかけて破仏教・破儒教・破道教・破神道・破キリシタンを成し遂げる。

だからといってハビアンは反宗教的人間かというとそうではない。『破提宇子』においても、彼の宗教性は充分に見て取れる。

山折哲雄はハビアンを「無信仰・無宗教の原形」と評した（前掲書）。おそらく山折は、教団的な信仰・教団的な宗教に最後までコミットできなかったという意味を含んでこう表現したのだと思うが、私はハビアンがとても宗教的な人間であったことを確信している。ハビアンは生涯、豊かで成熟した宗教性を保持し続けたと思う。

江湖の野子

ハビアンは「絶対・普遍」の概念をもったキリシタンさえも相対化した。並みの力量ではないと思う。さらに、仏教・儒教・道教・神道と、その当時、身の回りにあったすべての制度宗教を相対化してしまったのである。しかしハビアンは、宗教を排除した「世俗主義」にも同調を示したわけではない。

そこに開けてきたのは第三の道である（その第三の道は現代スピリチュアリティの領域とも重なるところがある）。

ハビアンはその領域での立脚点を「江湖《ごうこ》の野子《やす》」と表現した。『破提宇子』の序文にはハビアンが自ら「江湖の野子好菴」と署名している。「俗界の野人ハビアン」といったところだ。「江湖」は禅僧の世界を表す言葉でもあるが、この場合は「野子」という言葉が続くところから、「俗世界」を指すと思われる。「野子」という言葉には、すでにどのような宗教教団にもコミュニティにも属していない、属するつもりはない、というハビアンの立脚点が表現されている。結局、ハビアンが最後に着地したポジションは「俗界の野人」だったのである。

ハビアンは自らの宗教性だけを拠り所として、ただひとり、裸で死んでいく覚悟を引き受けたに違いない。

※1　宗教における共同体の機能について、すでにデュルケム（E. Durkheim）は一八九七年の時点において『自殺論』で詳述している。デュルケムは、宗教的共同体意識が強い地域ほど自殺率が下がることを実証した。また現代においてもマッキンタイア（A. MacIntyre）などが個人主義の問題点を指摘して久しい。個人化が進行するとともに、現代人のメンタリティには「つながりへの希求」が進行するのである。そこにも現代における宗教回帰現象の動機が潜んでいる。

終章　ハビアンの見た地平

『日本教徒』の中で山本七平は「日本教の系譜」という視点から、ハビアンと同じタイプの人物として、「伝統的な価値観と科学的知見の両方を受容した新井白石」、「朱子学を基盤にしながら天皇の正統性を抽出し、徹底した個人的規範を構築した浅見絅斎」、「日常を普通に生活することこそが仏道だと説き、反キリシタン思想を展開した鈴木正三」などを挙げている。いずれも、「自然であること」を論理的につき詰め、従来の宗教的枠組みを解体した知識人である。

第三の道を歩んだ者たち

考えてみればいつの世にも、制度化され体系化された宗教にも沿わず、かといって世俗にも埋没せずに生き抜いた者はいたのだ。筆者の感性で何人かの人物を取り上げてみよう。いわば、ハビアンと同様、「第三の道を歩んだ者たち」である。

例えば、奈良仏教で学僧として嘱望されながら、あっさりと寺院での生活を捨ててしまい、兵庫の加古川のほとりで質素に暮らし、剃髪もせず袈裟や法衣をまとうこともなく、田畑を耕し、旅人の荷物を運んで賃金をもらって暮らした沙弥・教信（七八一〜八六六）。沙弥とは半人前の僧侶を指すが、この場合は、半僧半俗というか僧侶もどきといったような意味合いである。教信は、妻子とともに家庭生活を営み、村人とともに道作りや川堤の修理も行ない、最後は自らの遺体を鳥獣のエサとした。親鸞にも一遍にも、「私の理想だ」と言わしめた人物である。僧侶でもなく俗人でもない、自らの宗教性に従って生きた人物だった。もちろん、教信はハビアンのような知性の人ではないので、まったく違うタイプではあるが、双方とも聖職者でも俗人でもなく、ただただ自らの宗教性に導かれて生き抜いた人物という一点において相通じるのではないか。

あるいは、高い合理性と理知性によって制度宗教を厳しく批判しながら、宗教性を発揮した人物として富永仲基などもハビアンの延長線上にあると言えるかもしれない。富永は、大坂の醤油屋に生まれた町人学者である。当時の大坂は朝鮮使節団が感嘆するほどの繁栄ぶりで、商工業が盛んだった。それとともに一般町人が文藝を楽しみ学問を学ぶ気風があった。富永仲基もその一人で、私塾の懐徳堂で学んだりしながら、独特の「加上（どのように理論が上書きされていったかを分析する）」の理論を構築する。わずか三十二歳で早逝した天才である。富永仲基は儒教・仏教・神道を批判的に論考し相対化した上で、「誠実に生きること」という立脚点へと行き着いている。

さらには、井上円了（一八五八～一九一九）のような徹底した知性による教育をベースにした宗教性にも通じるところがあるかもしれない。井上は真宗寺院に生まれたが、深く哲学を学び、哲学館（現・東洋大学）を創設している。科学的知識を駆使して様々な迷信・俗信を批判し、そのメカニズムを暴いて見せた。そして、哲学や宗教に関する講演で全国を回り、かつ旺盛な著述活動も行なっている。しかし一方では、妖怪博士と異名をとるほど、民俗的信仰の大切さもよく理解していた人物である。例えば、井上には『霊魂不滅論』という著作がある。その中で、霊魂は物理的存在ではあり得ないと否定しながら、生きる力と良心を支えるものとしての霊魂論を展開している。ユニークな人だ。『霊魂不滅論』の中で、井上は「私がこのような問題について語るのは、仏法の弁護のためでもなく、キリスト教を応援するためでもなく、儒教のためでも、神道のためでもない。ただただ、どこまでも考察を推し究めて、世俗と戦うためである」といった内容の発言をしている。実際、仏僧やキリスト教聖職者たちのあり様を批判し、さまざまな宗教現象を分類整理して、人間の心理や自然科学なども駆使して信仰を考える人物であった。

あるいは、常に「無宗教」を標榜しながら宗教研究にその生涯を捧げ、病魔による死と向き合い続けて自らの死生観を提示してみせた宗教学者の岸本英夫の態度にもどこかハビアンと重なるところがありはしないか。

岸本は熱心なクリスチャンの家庭に育ち、本人も誠心誠意クリスチャンとしての信仰に生きようとしたのであるが、あるときその信仰を捨てる。その時から岸本は生涯「無宗教」の立場を表明し、第三者の眼から宗教を見つめ続けた。日本宗教学の第一人者として大きな功績を残している。

その岸本は十年にわたってガンと戦い続けた。手術すること二十数回。常に死と隣り合わせの生活でありながら、岸本は「でき合いの宗教」にすがることはなかった。「私という個人は、死とともになくなる。それは恐ろしいことであるが、そのことをごまかさずに意識しながら生きる。それが私の宗教の出発点だ」（『死を見つめる心』、一九七三）と述べている。それこそが岸本の宗教だったのである。

岸本は一生をかけて宗教について考え、宗教と格闘し続けた。そして、「宗教を捨て切ることはできない」という結論に達している。

「なぜ宗教を捨てきることができないか。問題が残っているからである。人間の根本問題のうち、他の方法ではどうにも解決のできないものが、未解決のままに残されている」（同書）と岸本は晩年に語っているのである。

思いつくまま列挙してみたら、日本の人物ばかりになってしまった。しかし、ハビアンが提示して見せた世界は、おそらく世界各地で確認することができるはずである。かつては神智学協会のプリンスとされ、自らも宗教団体を運営しながら、教団を捨てて宗教批判を行ない、宗教・宗派にこだわらない思想を展開したジッドゥ・クリシュナムルティ（J. Krishnamurti）なども比較可能かもしれない。

いずれにしても、日本思想史上においてハビアンを位置づける作業さえ、まだまだこれからといった状態なのである。

「裸に生まれ、裸に死す」

「裸に生まれ、裸に死す。そは善し」

遠藤周作の『沈黙』にも登場する宣教師、フェレイラ（Christovão Ferreira 1580?–1650）の言葉である。

ハビアンが最後に見た地平。私はどうしてもそれが見たいと思った。ことごとく教団宗教の体系を解体した果てにはどんな光景が広がっているのか。どんな扉が開くのか。宗教思想を体系的に学んだ者であれば、誰しも一度はそんな思いを抱くのではないだろうか。「なぜ私は仏教徒（クリスチャン）でなければならないのか」「なぜ私は浄土真宗の僧侶（プロテスタントの牧師）

でなければならないのか」、この疑問に直面したことがない宗教者はいまい。本書の冒頭で述べたように、今回、ハビアンが憑依してきてくれることを念じながら、本書を書いた。ハビアンを追体験すればその地平が見えるかもしれないと思ったからだ。

辿り着いたのは、「裸に生まれ、裸に死す。そは善し」というフェレイラの言葉だった。考えてみれば、フェレイラも己の宗教性に苦悩し続けた宗教者だった。多くの人々の尊敬を集めた司祭でありながら、拷問に耐えかねて棄教した。その後は、日本人の妻をめとり、キリシタン取締りに協力する人生を選択する（フェレイラの棄教はイエズス会のみならずカトリック全体に大きな衝撃を与えたと言われている）。フェレイラにはハビアンが見た地平が見えていたのだろうか。

このフェレイラの言葉は、「四方のどこにでも赴き、害心あることなく、何でも得たもので満足し、諸々の苦難に堪えて、恐れることなく、犀の角のようにただ独り歩め」（『スッタニパータ』）というブッダの言葉が指し示す地点ともつながっているのかもしれない。

野人ハビアン

今回、ハビアンの行き着いた先と現代におけるスピリチュアル・ムーブメントとの共通点を比較してみた。こういう対比は、宗教研究の分野においては「禁じ手」である。現代人の宗教的個人主義やスピリチュアル・ムーブメントの範囲が広すぎて、ハビアンと並列にならないからである。その気になれば、共通部分だって相違部分だって取り出し可能になってしまう。それがわかっていながらあえて比較したのは、すでに述べたごとくハビアンの見た光景を追体験するための梯子にするためであった。

その結果、わかったことがある。ハビアンと現代のスピリチュアル・ムーブメント（この場合は、現代社会において精神・魂・霊性と関わろうとする傾向全般を指す）とは「道具箱的関わり」や「無地域性」などの共通特性があるものの、いくつかの相違点がある（その相違点は、今回、双方を対比してみて初めて気がついた）。まず、現代のスピリチュアリティのフィールドでは、宗教的言説が消費され続けていく、という感が強い。その都度、相手の心に届きやすい言葉や感性が使われ、捨てられていく。情報としての宗教性、消費される宗教性、といったところである。

これに対して、ハビアンは少なくとも、一回一回その宗教の体系を辿り、体験を通してリアルに会得した言葉で語っている。特にハビアンの場合、対話と討論の中から立ち上がってきた宗教性、なのである。ハビアンの著作は、いずれも立論と反論で構成されている。それは数限りない対話と討論によって練り上げられた強さを感じる。なにしろ並み居る仏僧を相手にひとりでわたり合ってきた人物である。林羅山という新進気鋭の朱子学者とだってやり合っている。おそらくハビアンは数え切れないほど多くの人物と言葉を交わし、議論を重ねてきたに違いない。この点、現代社会のあちこちで見かけるチープなスピリチュアル言説とは相違する点があってしかるべきなのである。

また、自分に都合よく宗教理念を部分的に解釈する傾向が強い現代の宗教的個人主義に比べて、ハビアンの場合、誠実にその宗教の聖典を研究・精読した上で、その宗教の全体をしっかり見極め、分析し突き詰めて論じ、なおかつ自らの宗教体験が上書きされていくという真摯さがある。

あの他に類を見ないほどの「絶対性」をもつキリスト教体系さえ上書きされていったのである。この上書き能力の高さはハビアンの宗教性そのものなのだ。

そんなハビアンの宗教性にはリアルな身体性が感じられる。実際に、ハビアンは自らの信仰に突き動かされて日本各地を駆け巡る生涯を送っている。同じ信仰をもつものを導き、奮い立たせ、また他宗教・他宗派の人々と真剣に向き合い、討論してきた人物なのである。将軍から大名、学者、仏僧、婦女子、市井の人々に至るまで実際に宗教論をかわしながら鍛錬された宗教性こそが、ハビアンを「野人」へと到達させたのである。

かの鈴木大拙は独特の「スピリチュアリティ（霊性）論」を展開する中で、「大地性」という概念を提出している。「大地と云ふは田舎の義、百姓農夫の義、智慧分別に対照する義、起きるも仆れるも悉くここにおいてするの義である」（『鈴木大拙全集第八巻』、一九六八）と記述しているように、大拙が語る「大地性」とは具体的であり、リアルであることを指す。概念的観念的なものではなく、生活に密着し、生命に立脚していることである。さらに、大拙は「本来の愚癡に還ることである、生まれたままになることである」（同書）とも語っている。宗教性の発揮には知性が妨げとなる場合もあるわけだ。

『破提宇子』において、ハビアンは「無智無徳こそ真実」と言い切った。『妙貞問答』では、「知性の人」という印象があるハビアンであるが、意外にこのような境地を吐露しているのである。これは宗教人・ハビアンの「覚悟」だと思う。そして、知性を凌駕するリアルな宗教性から出た言葉なのであろう。「無智無徳こそ真実」と、「江湖の野子」という署名、ハビアンの宗教性が浮かび上がってくるようではないか。

その宗教性とは、人間の宗教体験を中心としたものである。どこまでも経験則と自己分析と人間観察に立って、野人としてたった一人、宗教を比較する。ハビアンは、宗教を比較するという行為を通じて開けてきた第三の道を歩む覚悟をしたのである。ハビアンは棄教後、その道を歩み続けたと思われる。そのような人物にはデウスもマダメントも必要ない。ありのまま、丸裸の自分が世俗に投げ出されるだけである。

もはやハビアンには特定の教義を受け入れて、教団の信者とならねばならない必然性はない（そもそもハビアンは聖職者に対しての不信は根強い）。来世さえも判断中止（エポケー）の道を選びとったのである。

ハビアンは、おのれの人生すべてを諸宗教と向き合うことについやした。そしてそれこそがハビアンの宗教性の発揮だったのである。ハビアンの生涯そのものが「比較宗教論」として成立すると言えるのかもしれない。比較という営為の中にこそハビアンのリアルな宗教体験はあった。だからこそハビアンは、「我々だけが正しい」「我々だけが知っている」「すでに絶対の真理は提示されている」という宗教のワナに気づき、敢然と立ち向かったのである。

生涯の多くを捧げたキリシタンと正面から敵対したハビアン。智慧も徳も相対化し、どのような非難・偏見にも顔をそむけず引き受ける。その覚悟は「江湖の野子好菴」という署名に現れている。制度化された宗教にも、世俗にも、科学にも、全面的にコミットしない。「江湖の野子」とは、まさに僧のようでありながら俗人、という立ち位置である。孤独と苦悩を抱えたまま、自らの宗教性と向き合い続ける。それが「野人」である。

ハビアンは、最後に、野人という立ち位置に身を置いた。仏教、儒教、神道、キリスト教、それら諸宗教に育まれた宗教性を抱いて、ひとり裸で生き抜き、死に切る、それこそがハビアンが見た宗教の地平である。

結語

さまざまな宗教を並列・列挙し、相対化することによってキリシタンの優位性を提示した『妙貞問答』。そして、それと同じ手法でキリシタンを相対化した『破提宇子』。ハビアンが、仏教・儒教・道教・神道・キリスト教が交差する地点に立っていたことは間違いない。

ただ、『妙貞問答』はあくまでキリシタン護教書であり、『破提宇子』はキリシタン批判書である。そのような性格をもって書かれた著作はハビアン以前にもある。空海の『三教指帰』もあれば、ヴァリニャーノの『日本のカテキズモ』もある。しかし、ハビアンのように、身の回りにある宗教体系のすべてを相対化してしまった人物はいない。というわけで、『妙貞問答』と『破提宇子』の両書を合わせて、ハビアンを〝世界初の本格的比較宗教論者〟としたいと思う。繰り返すが、ハビアンは、おのれの人生すべてを諸宗教と向き合うことについやした。ハビアンの生涯そのものが「比較宗教論」として成立すると言えるのかもしれない。いや、比較の営為こそ彼の信仰形態そのものなのだ。

アメリカを代表するプラグマティズムの哲学者であるデューイ（J. Dewey 1859–1952）の「手段と目的の連鎖」（means-end continuum）によれば、「方法」と「目的」は循環的に繰り返されるダイナミズムをもつとされる。つまり〝比較〟は単に方法としてだけではなく、目的でもあるのだ。手段は問題解決のための道具であると同時に、創造的行為でもあるからだ。宗教を比較するということは、それ自体、宗教的行為であり宗教体験であるとデューイは言う。

ハビアンにとっても、宗教を比較することは、単なる手段という枠を超えて、彼にとっての宗教的行為であり宗教的体験だったのである。

あとがき

空海の『三教指帰』、ハビアンの『妙貞問答』『破提宇子』、松永貞徳・林羅山の『儒仏問答』、富永仲基の『出定後語』、どれをとってもたいした比較宗教論である。今日読んでみても、感心するところが随所にある。

「まえがき」にも書いたように、日本における宗教性の特質を考えているうちにハビアンと出会った。もともとは、富永仲基や山片蟠桃といった江戸期の町人学者の宗教論に取り組んでいたのだが、しかしその前にまず、中世から近世への過渡期において高くそびえ立っている不干斎ハビアンを避けて通るわけにはいかない、と考えるようになったのである。

実際に『妙貞問答』を精読してみると、ひとつの「読み物」としてもきちんと成立していることに気づかされる。内容に関しては、キリシタンの文脈通りであるし、下敷きとなっているのはこれまでキリシタンが集積してきた情報に依拠している部分が多い。しかし、これだけの情報を系統立てて整理し、さらに自らの知見で大きく膨らませて書いているところはひとえにハビアンの個人的能力だろうと思う。その上、読みごたえがあるのである。

これに対して、『破提宇子』はおそらく大変なスピードで一気に書き上げられた書だと思う。今回、『破提宇子』を『妙貞問答』の「下巻」と対応する書であると考え、「新・下巻」などと位置づけてみた。『破提宇子』に述べられている宗教性だけを取り上げれば、それほど目新しいものはないのであるが、これに『妙貞問答』とハビアンの人生を加味すれば、俄然その本領を発揮する。そんな不思議な書である。

『妙貞問答』の全文は『キリシタン教理書』（教文館）で、『破提宇子』は『日本思想大系25 キリシタン書・排耶書』（岩波書店）などで読むことができる。機会があればぜひご一読を。

今回、ハビアンについて書ける機会を得ることができたのは、雑談の中で「あのね、不干斎ハビアンって、おもしろい人がいたんですよ」と話したら、「じゃ、それ、書いてください」とあっさり指示してくれた新潮社の編集者・金寿煥氏のおかげである。細やかにサポートしてもらった。この場をかりて心より御礼申し上げたい。

二〇〇八年十二月　釈徹宗

【参考文献（著者五十音順）】

芥川龍之介「るしへる」『芥川龍之介全集2』ちくま文庫、一九八六年
姉崎正治「ころびイルマン不干斎ハビヤンと其著作」『姉崎正治著作集第四巻』同文館、一九三〇年
「護教書類と不干斎ハビヤンの作」『姉崎正治著作集第五巻』同文館、一九三二年
井手勝美『キリシタン思想史研究序説』ぺりかん社、一九九五年
伊藤雅之『現代社会とスピリチュアリティ』渓水社、二〇〇三年
井上円了『霊魂不滅論』国書刊行会、一九九九年
ヴァリニャーノ　松田毅一他訳『東洋文庫229 日本巡察記』平凡社、一九七三年
内田樹『「おじさん」的思考』晶文社、二〇〇二年
海老沢有道他編著『キリシタン教理書』教文館、一九九三年
海老沢有道訳『東洋文庫14 南蛮寺興廃記他』平凡社、一九六四年
海老沢有道『日本キリシタン史』塙書房、一九六六年
遠藤周作『沈黙』新潮文庫、一九八一年
遠藤周作「日本の沼の中で」『切支丹時代　殉教と棄教の歴史』小学館、一九九二年
大桑斉・前田一郎編『羅山・貞徳「儒仏問答」註解と研究』ぺりかん社、二〇〇六年
尾原悟「キリシタン時代の科学思想」『キリシタン研究　第十輯』吉川弘文館、一九六五年
樫尾直樹編『スピリチュアリティを生きる　新しい絆を求めて』せりか書房、二〇〇二年
亀井高孝・阪田雪子翻字『ハビヤン抄キリシタン版平家物語』吉川弘文館、一九六六年
河合隼雄『中空構造日本の深層』中公叢書、一九八二年
岸本英夫『死を見つめる心』講談社文庫、一九七三年
『切支丹物語』『切支丹文庫　第一輯』警醒社書店、一九一六年
『吉利支丹物語』一六三九年刊（『続々群書類従』十二巻所収　国書刊行会、一九〇七年）
グレゴリー・ベイトソン　佐藤良明訳『精神の生態学』新思索社、二〇〇〇年

ゲオルク・シュールハンマー　安田一郎訳『イエズス会宣教師が見た日本の神々』青土社、二〇〇七年
江静・呉玲「『喫茶養生記』に見られる道教文化の影響に関する試論」『日本文化に見る道教的要素』勉誠出版、二〇〇五年
五野井隆史『日本キリシタン史の研究』吉川弘文館、二〇〇二年
三枝博音『西欧化日本の研究』中央公論社、一九五八年
坂元正義『日本キリシタンの聖と俗』名著刊行会、一九八一年
佐久間正訳「一六〇七年のムニョス報告書」『キリシタン研究　第十一輯』吉川弘文館、一九六六年
島薗進『精神世界のゆくえ　現代世界と新霊性運動』東京堂出版、一九九六年
島田裕巳他『宗教・霊性・意識の未来』春秋社、一九九三年
真宗海外史料研究会編『キリシタンが見た真宗』真宗大谷派宗務所出版部、一九九八年
新村出『南蛮記』『新村出全集第五巻』筑摩書房、一九七一年
新村出『新村出全集第六巻』筑摩書房、一九七三年
鈴木大拙「日本的霊性」『鈴木大拙全集第八巻』岩波書店、一九六八年
鶴見俊輔『転向研究』筑摩書房、一九七六年
友枝龍太郎『朱子文集』明徳出版社、一九八四年
中村元『仏教思想六』仏教思想研究会、平楽寺書店、一九八一年
橋本高勝編『中国思想の流れ（中）』晃洋書房、二〇〇〇年
林羅山『三徳抄』『日本思想大系28』岩波書店、一九七五年
『排耶蘇』『日本思想大系25』岩波書店、一九七〇年
不干斎ハビアン『妙貞問答』海老沢有道他編集『キリシタン教理書』教文館、一九九三年
不干斎ハビアン『破提宇子』『日本思想大系25』岩波書店、一九七〇年
フーベルト・チースリク「ファビアン不干伝ノート」『キリシタン文化研究会会報15-3』一九七二年
堀勇雄『林羅山』吉川弘文館、一九六四年

松田毅一『南蛮のバテレン』日本放送出版協会、一九七〇年
三浦朱門「ファビアン不干斎　あるエセインテリの生涯」『キリシタン時代の知識人　背教と殉教』日経新書、一九六七年
見田宗介『現代日本の精神構造』弘文堂、一九八四年
森岡正博『宗教なき時代を生きるために』法蔵館、一九九六年
柳田國男「先祖の話」『柳田國男全集13』ちくま文庫、一九九〇年
山折哲雄『蓮如と信長』ＰＨＰ研究所、一九九七年
山本七平『日本教徒』（山本七平ライブラリー14）文藝春秋、一九九七年
山本七平『日本人とは何か。下』ＰＨＰ文庫、一九九二年
山本七平・小室直樹『日本教の社会学』講談社、一九八一年
ヤン・スィンゲドー『「和」と「分」の構造　国際化社会に向かう宗教』日本基督教団出版局、一九八一年
吉田兼倶（卜部兼延）『唯一神道名法要集』『日本思想大系19』岩波書店、一九七七年
レオン・パジェス　吉田小五郎訳『日本切支丹宗門史上巻』岩波文庫、一九三八年
和辻哲郎『鎖国』筑摩書房、一九五〇年
Charles Ralph Boxer, 'The Christian Century in Japan, 1549–1650', University of California Press, 1951
John Dewey, 'The Later Works, 1925–1953', Volume12, Southern Illinois University Press, 1981

新潮選書

不干斎《ふかんさい》ハビアン　神《かみ》も仏《ほとけ》も棄《す》てた宗教者《しゆうきようしや》

著　者………………釈《しやく》　徹宗《てつしゆう》

発　行………………2009年1月25日
4　刷………………2011年5月20日

発行者………………佐藤隆信
発行所………………株式会社新潮社
〒162-8711 東京都新宿区矢来町71
電話　編集部 03-3266-5411
　　　読者係 03-3266-5111
http://www.shinchosha.co.jp
印刷所………………二光印刷株式会社
製本所………………株式会社植木製本所

乱丁・落丁本は、ご面倒ですが小社読者係宛お送り下さい。送料小社負担にてお取替えいたします。
価格はカバーに表示してあります。

ISBN978-4-10-603628-6 C0314